私が私らしくいられる

魔法の夢ノート

「魔法の夢ノート」創始者
岡田みな子

イースト・プレス

「魔法の夢ノート」は、とてもシンプルで、簡単にできるワークです。

雑誌のなんとなく惹かれる部分を切って、ノートに貼る。

これだけです。

すると、いろいろなものがノートに登場します。

「私、やっぱりこういうのが好きなんだ」

「なんでこんなものを貼ったんだろう」

そんなノートからのメッセージを読み解いていきます。

「このノートは私に何を伝えたいんだろう」

しばらく続けると、自分が本当に好きなことや、やりたいことがわかります。

そして、「好き」を感じる自分に賛成してあげる。

これだけで、自分らしい豊かな人生になっていきます。

どうですか？　ちょっと面白そうだと思いませんか？

「魔法の夢ノート」の作り方

雑誌をパラパラ見て、
なんとなく惹かれる部分を
切り出す。

ノートにのりで貼る。

ときどき
見返してみる。

好きなことや
やりたいことがわかる。
そう感じる自分に
賛成してあげる。

▼

現実が自然と動き出す！

人生を変えた人たち

自分の外側には何もなく、内側を整えることでうまくいくのだとわかりました。

たくさんの人の賛同を得て、理想の保育園をつくることができました！

かわいそうな私も、幸せな私も、自分でつくれるってことを教えてもらいました。

あー。私、こういうのをやりたかったんだ！　っていうか、もう叶ってるじゃん！

ここにいるだけで幸せ、空を見るだけで幸せです。

子どもにも「好きなこと」を聞いてみようと思った。

「魔法の夢ノート」で

欲しいと思っていた車をプレゼントされました！

自分の本当の願いに気づきました。とても意外だったけど、納得できました。

念願の土地を手に入れて、ドッグカフェをオープンできました！

「魔法の夢ノート」って「叶える」より「思い出す」のほうがしっくりくるなー。

小さい頃から好きだった工作が高じて、アクセサリー作家になりました。

パートナーとさらに仲良くなれました。

はじめに

何が欲しいんだっけ、私

「望む未来をイメージすることで願いが叶う」といわれます。

その姿にワクワクしたり、安心したり、感動したり、何度も強くイメージすることで、理想が現実になりますよ、ということですね。また、服装や行動など、理想の自分になり切ることで、自然に近づいていくともいわれます。

かつての私もそんな言葉を聞いては、やってみようと思ったことがありました。でも、「簡単そう」とは思うものの、なかなかうまくいきません。どんなに考えてみても、頭の中に浮かぶのはテレビや雑誌で見たものばかり。豪邸、高級車、高級バッグ。そして、ときどきリゾートでくつろいでいる自分……。

つまり、**「幸せとはお金持ちになること」でした。**

えっ、これでいいんだろうか？　何かが違う気がするけれど……。

みんな幸せになりたいと願っています。でも、**自分がどんなときに幸せを感じるのかをわかっている人は、意外と少ない**ように思います。だってそんなこと聞かれたこともないし、考える機会もなかったのですから。仕方ないですよね。

初めての子育てでどうしていいかわからず、イライラに振り回されていた頃、ある有名な自己啓発系のワークショップに出会いました。そこで、**日常にワクワクを取り入れていくことが大事**だと教えられました。

せっかくだからやってみようと、しまっていたミシンを取り出して大好きな布仕事をしたり、子どもたちのためにかけていた英語のＣＤの合間に自分が好きだった音楽を聴いたり、できる範囲で自分の好きなことをやってみました。

すると、悶々《もんもん》とした毎日に変化が出てきました。それまで良いお母さんになろうと必死だったけれど、ひとりの女性としてどうなりたいのか、何が欲しいのかといったことにも目を向けられるようになったのです。

こうした経験が、本書で私が提唱する「魔法の夢ノート」の土台になっています。最初は友人を誘ってたった3人から始めた講座があっという間に全国のママに広がり、「私もこのノートを伝える人になりたい」と言ってくれる人も現れました。これまでに全国で80人以上が、認定講師としてがんばってくれています。

自分らしく豊かに過ごしたい

私たちは、まるで幸せに「型」でもあるかのように勘違いをしています。誰もがあこがれるような家に住み、理想のパートナーがいて、高級車に高級バッグを買える自分になること。誰にでも誇れる肩書きを持ち、仕事でバリバリ活躍することが理想だという人もいるかもしれません。

もちろん、それが本当に自分の望む姿であれば問題ありません。でも、そこに疑問を持ちながら、「やるべきこと」に追いたてられているとしたら、それはちょっと残念です。

私が考える幸せな人生とは、豊かさに満ちた生活を送れることです。

自分の人生に夢中になっていること。自分を生かして誰かの役に立てること。家族と笑って過ごせること。それほどのお金はいりません。

では、そのために何が必要かというと、それは、「私が私らしくいられる」こと。そして、それを実現するための道具が「魔法の夢ノート」なのです。

どん底だった頃の私は、無理をし過ぎて小さなことでイライラしてばかり。「なんで私ばっかりこんなに大変なの!?」と思っていました。

欲しいものが買えないことや、行きたい所に行けないことを周囲のせいにして、そうかと思えば、うまくやりくりできない自分を責めたり、誰かと比べて落ち込んだり。自分のキャパを超えた毎日に、良いことは何もありませんでした。

そこから、「魔法の夢ノート」に表れる本音を拾って、「いいよ」と賛成してあげて、小さな一歩を踏み出してみました。それを続けていたら、いつの間にか、私らしくてのびのびした豊かさを、心の底から味わえる日々になったのです。

「好き」に囲まれて、家族や仲間の存在に安らぎを感じ、安心して仕事ができる。何気ない毎日に、たくさんの小さな幸せを見つけることができています。

- 本当は大して大切でもないことを、追いかけているかもしれない
- もしかしたら、幸せを後回しにしているかもしれない
- 何度も自分を変えようと思ったけれど、うまくいかない

そんな風に感じるのであれば、ぜひ、「魔法の夢ノート」を試してみてください。
自分の未来の姿にワクワクしてくるはずです。

- これくらいのことならできるかも
- 5年後の私、どうなっているかな？
- こんなことを好きな自分、なかなかいいかも

「魔法の夢ノート」を続けていくと、知らなかった自分に出会えるかもしれません。本当はずっと好きだったこと、やりたかったことに気づいて、その可能性に驚くかもしれません。そのすべてを楽しんでください。

各章の最後には、「自分と仲良くなるワーク」を挟んでいます。これは「魔法の夢ノート」の講座でもみなさんに取り組んでもらっているもので、より深く自分を知ってあげるためのワークです。ぜひ、試してみてください。ノートの効果もより高まるはずです。

また、巻末には「子どもといっしょに魔法の夢ノート」というコーナーを設けました。お子さんのいらっしゃる方は、こちらも読んでいただけると嬉しく思います。

では、「好き」から広がる人生の豊かさを、たくさん体験していきましょう。

私が私らしくいられる
魔法の夢ノート
もくじ

はじめに …… 6

第1章
自分の「好き」に賛成してあげる

■「幸せなはずなのに満たされない」のはなぜ? …… 22
■豊かに生きる人は「好き」「嫌い」に正直 …… 24

■ 豊かな人生の土台は「自信」 26
■ トカゲが大好きな女の子 29
■ 女性は周りに合わせてしまいがち 31
■ 日本の教育では「好き」を重視されない 33
■ 「人に決められた100点」を追うのはやめよう 35
■ 幸せな時間が蘇る私だけのノート 37
■ 本当に欲しいのはお金ではなかった 40
■ ちょっとの工夫で自分らしく生きられる 44
■ 「好き」が運んでくる豊かさはいつも想像以上 47

第2章

「魔法の夢ノート」の作り方

■お気に入りのアイテムを揃えよう……54
■なぜ「ノート」がいいのか……57
■心が反応するビジュアルを選ぼう……60
■贅沢な時間を自分にプレゼント……62
■「このノートは私に何を伝えたいの？」……64
■同じ「料理好き」でも何を求めているかは違う……67
■「もし生まれ変われるとしたら？」の意外な答え……70
■本当に高級ブランドの服が欲しい？……74

ちょっと背伸びするくらいの買い物をしてみる 77
「切って貼る」で本当に夢が叶うの？ 79
満足を少しずつ広げていく 82
「魔法の夢ノート」はちょっと先の未来予定図 84
ミラクルはいつも小さなところから始まる 87
ゴールは設定しなくていい 90

第3章

自分の「感情」に名前をつける

■「自分がどう感じるか」が幸せの基準になる …… 98
■成長の過程で感情に蓋をしてしまう …… 100
■「好き」センサーを磨く …… 102
■「嫌い」にも素直になろう …… 104
■「劣等感くん、いつもありがとう」 …… 106
■ネガティブな感情の裏に本当の望みがある …… 108
■どんな感情も、そこにいさせてあげて …… 110
■感情を大切にすることは自分を大切にすること …… 112

■「気分」で行動するのは危険　114
■「本音」とは温かいもの　116
■本音がわかれば解決策もわかる　119
■みんな「感覚のセンサー」を持っている　122
■これからは女性こそが有利　125
■女性の身体が教えてくれる女性の生き方　126
■自分で勝手に自分を追い込んでいた　128
■「立ち止まる」で現実が加速していく　131
■みんなもう十分にがんばっている　133
■こまめなガス抜きは社会貢献でもある　136

第4章

「私」のままで、「いま」豊かになる

自信の三つの段階 142
自分の中に応援団をつくる 145
「居場所がある」という安心感 147
かっこ悪いことでも話せる関係を 149
「好き」には自然と熱中できる 152
「嫌い」を基準に生き方を考える 154
「好き」に素直な人は周りから応援される 157
「失敗」は豊かな人生への最短ルート 158

■私たちは凸凹を補い合うようにできている……161
■自分らしくいることが遠い誰かを救う……163
■等身大の自分を受け入れる勇気……166
■「感謝」が豊かな人生のバロメーター……169
●自分と仲良くなるワーク……50・94・138・172
おわりに……176
子どもといっしょに「魔法の夢ノート」……180

第1章

自分の「好き」に賛成してあげる

「幸せなはずなのに満たされない」のはなぜ？

贅沢を言わなければ、そこそこの暮らしはできている。欲を言えばキリがないけれど、人並みに仕事をして、守られた環境もある。細かいことに目をつぶれば、パートナーともうまくいっている気がする。

でも……

- 何かが物足りない
- 気づけばため息ばかり
- なんだかパッとしない
- ぼんやりとやりたいことはあるけれど、行動に移せていない
- ときどき、理由もなく虚しくなる
- SNSを見れば、みんな充実しているようでうらやましい

- がんばっているのに、理想にほど遠い現実にヘコむ
- やりたいことで生きていけるのは特別な人。自分には無理

そんな風に思っていませんか？

私たちはいままで、親の言葉や社会の教えを信じてがんばってきました。

- こうすれば幸せになれる
- これを持っていれば大丈夫
- これができなければ恥ずかしい

そうして、なんとなく感じる違和感には蓋をして、心に吹く隙間風に気づかないように忙しくして、心の声をごまかしてきた人も多いのではないでしょうか。

もしいま、何かが物足りないと思っていたとしても、大丈夫。**これまでの人生のどこかに置いてきてしまった「好き」を思い出せば、自分らしい幸せに近づいていきます**。他人の言葉や社会の常識は関係ありません。自分が自分に満足できる、豊かな毎日。そのための考え方を、お話ししていきます。

豊かに生きる人は「好き」「嫌い」に正直

豊かに生きている人ってどんな人でしょうか。身の回りにいる、充実した人生を送っていそうな人を想像してみてください。

なぜ、彼ら彼女らはそうした生き方ができるのでしょうか。

才能があるから？　有名大学を出ているから？　お金持ちに生まれたから？

でも、自分とそんなに変わらない気がするのに、なんだかうまくいっているように見える人もいませんか？　**「なんで私より運が良いんだろう？」**って。

私は、「魔法の夢ノート」を通して、人生が豊かになっていく人たちをたくさん見てきました。そのなかで気づいたことがあります。

それは、豊かな人生を過ごす人は「好き」「嫌い」にとても正直だということ。それがほかの人とちょっと違ったとしても、気にしません。行動の基準はいつも自分の内側。**自分の感覚で、「やる」「やらない」を決めています。**

自分が何をどう感じるかに敏感だから、自分を喜ばせる方法も知っています。

いつもご機嫌で、周囲から見ると楽しそう。


行動の結果がどうなったとしても、自分で決めたことだから誰かのせいにはしません。好き嫌いははっきりしていますが、わがままに振る舞うことはありません。自分の「好き」「嫌い」を尊重しているのと同じくらいに、他人の「好き」「嫌い」も尊重しているからです。

こんな人であれば、幸せそうに見えますよね。その条件は、自分の感覚で物事を判断しているかどうか。決して、才能やお金のあるなしではないと思います。

じゃあ、どうすれば自分基準で選べるようになるのでしょうか。

その**答えは、「自信」にある**のだと思います。

豊かな人生の土台は「自信」

「自信」とは「自分を信じる」と書きます。

- 自分はできる
- 自分のままでいい
- 何があっても大丈夫

そうした気持ちを持っていると、チャレンジが怖くなくなります。仮にうまくいかなくても、その教訓を生かしてどんどん成長していく。そうして、人生は豊かになっていきます。

現代の社会では、さまざまなことが自分の外側から語りかけてきます。インターネット、SNS、テレビ、家族、友人、同僚……。そのどれもが正しいことを言っているように聞こえてしまいます。そんな環境の中で**自信が育っていないと、ちょっと大変。外側の基準に振り回されてしまいます。**

「自信」のあるなしは、育った環境の影響が大きいといわれます。じゃあ大人になってからでは無理なのかというと、そんなことはありません。いつからでも十分に、育てていくことができます。

第4章で改めてお話ししますが、**「自信」を育てるいちばん簡単で確実な方法は、自分の「好き」を知ること**です。表面上の「好き」だけではなく、自分が本当に望んでいるのはどんなことなのか、細かく深く知ってあげる。

「魔法の夢ノート」は、必ず自分の「好き」を教えてくれます。「好き」を知ると、その反対側にある「嫌い」もわかります。

そこを入り口に、さまざまな感情や感覚にも敏感になっていく。**私たちが「感じること」は、すべて自分らしく豊かに生きるために必要なもの**です。日々感じるいろいろな感情を「良い」「悪い」とジャッジせずに、いったん受け入れてみる。そこから本当の自信が育まれていきます。

でも、多くの人が幸せの扉を開ける鍵である「好き」に蓋をしてしまっているのも事実。特に女性に多いようです。

以前、私が開催する「魔法の夢ノート」の講座に来てくれた女の子との間に、こんなエピソードがありました。

トカゲが大好きな女の子

お母さんと一緒に来てくれたのは、小学5年生の女の子。「トカゲ」が大好きなのだと教えてくれました。

とても楽しそうにお話ししてくれるけれど、お母さんは、ちょっと心配なのだと言います。

「クラスのほかの女の子の『好き』は、ファッションやアイドルばかり。この子はみんなに合わせて自分のトカゲ好きを隠して、ファッションやアイドルが好きなフリをしています。それもあるのか、なんだか最近元気がないんです」

そこで、私は女の子に聞きました。

「トカゲが好きなの？　いいねえ！　どんなところが好きなの？」

女の子は目をキラキラさせて、いろいろと話してくれました。トカゲにもたくさんの種類がいること、目が素敵、しっぽがかっこいい、きょろきょろ回りを見渡すしぐさがとてもかわいい……。

そのとき私が彼女に伝えたのは、「好き」を好きなままでいいこと、でもそれをみんなにわかってもらわなくてもいいこと、クラスの中ではみんなに合わせてもいいこと、**自分だけは自分の好きを知っていてあげて、そして大切にしてあげてね**、ということでした。

彼女は心のどこかで、「みんなと違うものが好きなのって変なのかな」と感じていたのだと思います。そのことでちょっと自信をなくしていたのかもしれません。

でも、誰かが「いいね！」と肯定してくれた。そのことで、「自分は変じゃないんだ」「トカゲが好きでも大丈夫なんだ」と、自信を取り戻してくれたんだと思います。講座の後もノート作りを続けてくれて、以前のように明るく元気な女の子に戻ったと、お母さんからご報告がありました。

女性は周りに合わせてしまいがち

トカゲ好きの女の子のように、女性の場合、小学校5年生くらいから、自分の「好き」より周りに合わせることを優先する子が多くなるようです。自分の「好き」を主張して仲間外れになるくらいなら、周りに合わせたほうがずっと生きやすいからです。

男性に比べて、身体が小さく力も弱い女性は、昔から寄り添って生きてきました。脳科学者の方に、私たちの脳には、ご先祖様の記憶も少し受け継がれていると聞いたことがあります。女性がグループをつくりたがるのも、**さまざまな環境**

で力を合わせて生き抜いていくために、身についている本能なのかもしれません。

そんな特性を持つ女性の多くは、孤立をとても恐れます。周りの目が気になって、人と違う自分を受け入れることは、なかなかにハードルが高い。心の中では「もっと目立ちたい」「みんなと違うことがしたい」と思っていても、自分の気持ちを優先することって、ちょっと難しいんですよね。

周りに合わせること自体は決して悪いことではありません。共感力が高く、他人に気を使うことができるのは、とてもすばらしいことです。

でも、周囲に合わせることを繰り返した結果、大人になって、自分がどんなことが好きで、どんなことをしたいのかがわからない……なんてことになってしまう危険もあるんです。

「好き」の対象はみんなそれぞれに違います。キャンプを趣味にする人もいれば、都会の高級ホテルにテンションが上がる人もいます。スニーカーに魅力を感じる人もいれば、キラキラしたハイヒールだという人もいます。

このことがすごく大事です。アイドルが好きでもトカゲが好きでもいいんです。

自分だけの「好き」を見つけたら、どうか否定しないでください。

もし、ちょっと変な「好き」だったとしても、「変だと思われたら嫌だ」「こんなの好きなんて自分はおかしいんだろうか」なんて、「好き」をなかったことにしないでください。

「へー」「そうなんだー」「いいね」と、どうか**自分だけは自分の味方でいてあげてください。**「好き」は、自分を望む未来へ連れて行ってくれるエンジンだから。

日本の教育では「好き」を重視されない

私たちが自分の「好き」に目隠しをしてしまう、もう一つの原因が、学校教育にあります。

日本の教育は基本的に「100点」を目指すものです。本人がどう考えるかや、どんなことが好きなのかといったことにはあまり注目されません。

授業のなかで、自分の考えを発言して議論し合う機会はとても少ないように思います。少し厳しい言い方になりますが、個性を伸ばすことより、良い学校や会社に進むことのほうが大切にされているようです。

海外からの留学生が、日本の大学生を見て驚くのが、授業中に居眠りをしていることなんだそうです。先生の話を聞いてノートを取るのが日本のスタイル。海外では、それぞれの考えを言い合うことが普通で、居眠りなんてしている暇がありません。

以前、ユダヤの教育について聞く機会がありました。数多くのノーベル賞受賞者を輩出するほどに優秀な人が多い。そこではどんな教育がされているのかと興味がありました。

ユダヤの教えでは、まず子どもにいろいろな種類の図鑑や本を与えるのだそうです。そこから本人の目が輝くものを見つけて、またその分野の図鑑や本をたくさん与える。さらにその中でも本人が強く興味を持つものを見つけて……というように、細分化していく。

そうやって、自分の好きな分野を伸ばしていくんだそうです。だから圧倒的な成果を出せるんだなと納得しました。

「人に決められた100点」を追うのはやめよう

私は小学校や中学校、専門学校などにお邪魔して「魔法の夢ノート」の授業をさせてもらうことがあります。そこでも、生徒さんはお互いの好きなことや夢中になっていることをあまり知りません。担任の先生方も同じです。

みんなの「好き」を聞いていくと、クラスの中に花が咲いたような、温かくて華やかな空気になります。**みんな、自分の好きなことを話したい**んですよね。特

に、普段意見を言わない静かな子がいきいきと話す姿に、先生方は感動されています。

自分の考えより客観的な評価を優先する環境で育つと、大人になってもその考え方が消えません。「魔法の夢ノート」の講座を通して話を聞いていると、「人に決められた100点」を目指していると感じることがよくあります。

- まだまだ、この程度じゃダメだ
- このくらいじゃ恥ずかしい
- みんなできるのに、なんで私はできないんだろう

そもそも、他人の評価はそのときどきで変わります。それを基準にしていては、いつまでたっても満足にはたどり着きませんよね。そしてそのことに気づいている人は、多くありません。だからこそ厄介です。

大人になって、もう試験なんてない。それでも**100点に少しでも近づくために、いま、目の前にある幸せを見逃しているかもしれない**。そうだとしたら、ちょっともったいないと思いませんか？

幸せな時間が蘇る私だけのノート

私は以前、夫の仕事のサポートに自分の仕事、子育て、家事と、毎日こなさなければいけないいくつもの役割に、疲れ果てていました。がんばっているのに思うような成果も上がらないし、手応えも感じられない。

- どうしたら結果が出るんだろう
- どうしたら子どもたちのためになるんだろう
- どうしたらもっと豊かになれるんだろう

頭の中はいつも「どうしたら？」でいっぱいでした。

ただ、そんななかでも束の間、充実する時間がありました。カフェでひとり、ゆっくりと過ごすこと。自由に使えるお金もあまりなかったので、たまにしか行けませんでしたが、とても楽しみな時間でした。

丁寧に淹《い》れられた一杯の紅茶と、店内にあるおしゃれな雑誌。それだけで満たされ、心も身体もほどけていきました。当時の私にとって、その時間は何ものにも代えられない豊かさでした。

そんなあるとき、雑誌を見ながら**「こんなもの欲しいなあ」「いつかこんな風になれたらいいなあ」**と考えていると、とても良い気分でいられることに気づきました。でも、それもあっという間。棚に雑誌を戻して、慌ただしい現実に戻らないといけません。

この時間が続けばいいのに……といつも寂しくなるのですが、あるとき「雑誌から好きな部分を切ってノートに貼れば楽しいかも」と思いつきました。当時は雑誌を買うことすら躊躇していたので、家にあった古い雑誌から、「うわー、素敵！」と心が喜ぶものを切り取って、ノートに貼っていきます。

気づけば夢中でやっていました。そうして、**開くだけでカフェでの心満たされる時間が蘇るノート**が完成。ページをめくるたびにふわっと豊かさが広がる、私だけのノートです。これが「魔法の夢ノート」の原点です。


それまでは、雑誌に載《の》る素敵な女性を見ても、「どうせ私はこんなに素敵にはなれないし」という気持ちがどこかにありました。でも、ノートに貼ると、不思議と前向きになりました。

「いつか、こんな自分になれるかもしれない」。いまの自分がその理想にほど遠くても、これからがんばればいいや、と思えるようになったんです。

本当に欲しいのはお金ではなかった

最初は心地良い時間を味わうために始めたノート作りだったけれど、続けているうちに、心の中に変化が出てきました。

- あれも欲しい、これも欲しい
- もっとお金があったら全部買えるのに
- もっと時間があったら、自由にどこにでも行けるのに

ずっとそう思っていたけれど、私のノートには、高級住宅や豪華なディナー、海外旅行、クルーズ、プールでシャンパン、高級外車といった、**それまで私が「幸せ」の象徴だと考えていたものは、一つもありませんでした。**

貼られていたのは、上質な素材の服を着た女性、凛《りん》としたたたずまいの女性、

居心地の良さそうな温かみのある家、花が飾られた部屋、ゆったりと時間が流れているカフェ、静かな寺院、雄大な山々が連なる大自然、肌触りが良さそうなインナー……。

あれ？　不思議だな。なんで私はこんなビジュアルに惹かれるんだろう。何か共通点があるのかな……。

しばらく考えて出てきたキーワードは、次の三つでした。

「静けさ」

「広がり」

「自立」

私が本当に欲しいと望んでいることは、こっち。

忙しいなか、カフェで過ごすひとときに感じたような、自分の心の声を聞ける静けさ、ゆったりと深呼吸できるくらいの空間の広がり。これが私らしくいられれ

Spicy & Crunchy
Happy
Love

いつも
ありがとう

ることの条件なのだと思いました。
そして、上質な素材の服を着た女性の向こうに見えていたのは、それを着ても気後れしないくらいの、自立した私自身でした。

ちょっとの工夫で自分らしく生きられる

それから自分の心の声に耳を傾け、本当の望みを観察するようになりました。そしてできるだけ、自分に優しくするようにしました。三つのキーワードは、私が私らしくありたいという願い。であれば、**私らしくいられることを一つずつ増やして、私らしくいられないことを一つずつやめればいい**と思ったんです。

私が欲しいのは静けさや広がりです。であれば、遠い外国に行かなくても大丈夫。仕事が忙しいときは、移動の合間に少しだけ自然が見える場所に車を停めて、目を閉じてみる。コンビニのカフェラテでホッとする時間をつくる。「お金がないからカフェに行けない！」なんてことはぜんぜん気にならなくなりました。ラッシュ時に新幹線に乗るときは、窮屈な思いをするより、ちょっと奮発してグリーン車でゆったり移動する。贅沢なようですが、数週間前にネットで予約すれば、普通車とそれほど変わらない値段で乗ることができます。たまたまそのタイミングで、弟が教えてくれました。

昔のようにがむしゃらにがんばらなくても、ほんのちょっとの工夫で、私が本当に欲しかったものが手に入る。心に余裕が生まれ、仕事の効率も上がり、経済的にも少しずつ上向きになっていきました。

私が私らしくいることは、そんなに難しいことではなかったんです。

それまでの私は、自分で勝手に幸せをあきらめていただけでした。

- お金があればなんでもできるのに！
- いまは子育てで忙しいから無理！
- 不自由過ぎる！　なんで私ばっかり！

全部周りのせいにして、工夫することを思いつかなかったんです。

お金の向こうにある、本当に欲しいものは何？
本当に経験したいこと、感じたいことは何？

それを知ることが、自分らしく豊かに生きるための第一歩です。最初からあきらめたり、周囲の人たちや環境のせいにしたりしてしまうのは、本当にもったいないんです。

「好き」が運んでくる豊かさはいつも想像以上

ある女性は、「魔法の夢ノート」の講座に長野県の安曇野《あずみの》の写真が載った雑誌をたくさん持ってきていました。講座が終わる頃、彼女は安曇野でいっぱいになった自分のノートを見て、「いつか安曇野に移住したい」と考えていたことを思い出しました。

雪の積もる北アルプスと、その裾野《すその》に広がる街の美しさに感動し、「いつかこの街で暮らしたい！」と、ずっと惹かれていた。結婚するとき、当時住んでいた名古屋からわざわざ安曇野に婚姻届を提出しに行くくらい大好きだったのに、子育てに追われて、その思いをすっかり忘れていたそうです。

夢を思い出した彼女は、安曇野に行ってみました。ついでにちょっと足を伸ばして戸隠神社《とがくしじんじゃ》にお参りに行って、「安曇野に住まわせてください」とお願い。さらに帰り道に通りかかった安曇野市役所に向かって、車の中から「お世話になります」とあいさつしました。

それからしばらくして、彼女のもとに、安曇野の「地域おこし協力隊募集」の話が飛び込んできます。その活動内容にまたびっくり。彼女はずっと保育に関心があって、いつかその分野で働いてみたいと思っていました。募集されていたのは、彼女にピッタリの保育の活動でした。

もちろんすぐに応募、そして合格。大好きな安曇野のために働くことになりました。しかも、あの日車の中から「お世話になります」と伝えたその市役所で。

「大好きな町で暮らすことだけじゃなく、大好きな町のために働ける。想像をはるかに超えて毎日が幸せで、感謝が溢れて仕方がない。自分の周りが掛け算で動き出している気がする」

彼女は嬉しそうに話してくれました。

「魔法の夢ノート」は、本当に心が望んでいる未来を教えてくれます。「好き」が導いてくれる豊かさは、いつも想像以上なのです。

さて、第2章では、「魔法の夢ノート」の作り方を具体的にご説明していきます。「好きなことがない」「何がしたいかわからない」というのは、周りに合わせ過ぎた結果です。誰にでも必ずあります。自分の内側からこんこんとパワーが湧くような、「好き」が。

自分と仲良くなるワーク❶

普段の生活のなかで、
好き、ワクワク、幸せを感じるのは
どんなことですか？
10個書き出してみてください。

私ってこんな人

忙しい毎日のなかにも、ワクワクしたり幸せを感じたりする時間が、意外とたくさんあったのではないでしょうか。

ネガティブな感情に引っ張られがちという人は、ときどき意識してポジティブな感情を思い出してみましょう。そして、日々のなかにある自分らしい時間を意識することで、その時間をさらに増やしていくきっかけにしてください。

ここに書いた10個の中には、昔の自分が願っていたものもあったのではないでしょうか。

みんな意外と願いを叶えています。ということは、いま願っていることも、気づいたときには叶っているのかもしれませんね。

第2章

「魔法の夢ノート」の作り方

お気に入りのアイテムを揃えよう

「魔法の夢ノート」はとっても楽しくて、効果もパワフルなワーク。その半面、ノート作りはとてもシンプルでアナログです。

雑誌からピンとくる部分を切って、ノートに貼る。誰にでもできる作業ですが、少しだけコツがあるので、それを説明していきます。

まずは雑誌選びです。

「この雑誌で夢を叶える！」なんて意気込むと、なかなか選べません。難しく考えなくて大丈夫です。ファッション雑誌や、ライフスタイル誌、タウンガイド誌や趣味の雑誌など、なんでもＯＫ。

ページをパラパラめくったときに、なんとなく惹かれる雑誌を選んでみてください。具体的に好きなものでなくても、雰囲気で大丈夫。「なんとなく、これがいいかな」くらいの感覚で選びましょう。

「魔法の夢ノート」作りに必要なもの

雑誌

好きな雑誌、
なんとなく惹かれる雑誌を用意。
広告やパンフレットでもOK！

ノート

A4が使いやすいけれど、
小さくても大丈夫。
持っていて楽しくなる
お気に入りのデザインを
探そう！

のり

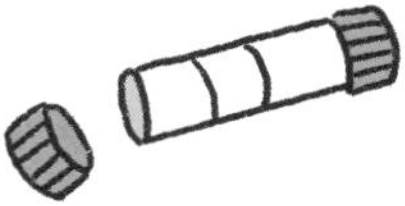

はさみ

お好みで装飾用の
マスキングテープや
シールなど

普段あまり雑誌を買わないという人は、古本やフリーペーパー、広告、カタログから探すのでも十分です。インターネットの画像をプリントアウトしても大丈夫。ただ、「切って貼る」というアナログな作業が大事なので、この場合も、用紙にいくつかの写真をレイアウトしてください。

ノートはA4サイズが貼りやすくておすすめです。でも、小さめのほうがしっくりくるのであれば、それでも大丈夫です。コンビニで買えるような普通のノートで十分ですが、どうせなら、持っていて嬉しくなるようなデザインのものを探してみましょう。味気ないノートより楽しく作業できますし、持ち運ぶときにもテンションが上がると思います。

はさみやのりも家にあるもので大丈夫ですが。お気に入りのものを探してみましょう。お好みで装飾用のマスキングテープやシールなども使うと、作業も見た目もより楽しくなります。

貼るだけでなく、かわいい色のペンで「ｈａｐｐｙ！」「かわいい！」「癒される」など、**言葉を書き込んでいくのもおすすめ**です。ノートが華やかになりますし、後で振り返ったときに、自分がなぜそのビジュアルを選んだかがわかりやすくなります。

なぜ「ノート」がいいのか

「魔法の夢ノート」の講座で、ときどき「ボードや画用紙ではダメなの？」と聞かれることがあります。絶対にダメということではありませんが、「ノート」であることにも意味があります。

まず、ノートはコンパクトに持ち運びができて、**いつでもどこでも取り出すことができます**。それに、画用紙のようにスペースが限られていません。ページを変えればいくらでも貼ることができます。

ノートを作っている途中で時間オーバーになったとしても、切ったものをノートに挟んでおけば、いつでも再開できます。自分の気分や予定によって、ノート作りのペースや量を好きなように調整できます。

そして、**いつでも見返せることが大事**です。1冊終わる頃には、「私はこんなことを求めているのかな」「これを大切にして生きていきたいんだ」「これだけは譲れない」といった、自分からの大切なメッセージを受け取れるはずです。

それから、ノートを使うメリットとして、もう一つ。**みんなで簡単にシェアができる**、という点があります。

私が「魔法の夢ノート」を始めた当初に思い描いていたのは、カフェで友達同士がワイワイとノートを見せ合う姿でした。

「好きなこと」は言葉にするのはちょっと照れくさいし、わざわざ人に言うことでもないかもしれないけれど、ノートを見れば伝わります。気軽におしゃべりしながら、お互いの好きなことや望んでいることを知るきっかけになったらいいな、と思いました。

私の周りの友人たちは、とても「好き」と「嫌い」がはっきりしています。

昔の私だったら、そんな人を見て怖いと思ったかもしれませんが、自分が自分の「好き」や「嫌い」を大切にできるようになってから、裏表のない関係をとても心地良く感じるようになりました。

自分の「好き」を尊重している人は、他人の「好き」も尊重できます。


「私はこれが好き」

「そうなんだねー。私はこんな感じかな」

「へー、ちょっと意外だけど、好きなんだねー」


みんなが気軽にお互いの「好き」を伝え合う。そんな世界になったら、素敵だと思いませんか？

心が反応するビジュアルを選ぼう

どんなビジュアルをノートに貼るか選ぶときは、感覚を大切にしてください。雑誌をパラパラとめくって、なんとなく目が止まる、ワクワクする、ドキドキする、ニヤニヤしてしまう、ウキウキする、「はあーっ」と嬉しいため息が出る、呼吸が深くなる、なぜかわからないけれど惹かれる。そういうものたちです。

センサーに引っかかったビジュアルの中には、いまの自分とはかけ離れていると感じるものがあるかもしれません。「こんなものが好きなのか」と意外なものに惹かれるかもしれません。

それでも、「そうか、本当はこういうものが好きなんだな」と受け止めてあげてください。**普段聞き逃していた、自分の心の声を聞いてあげる**。それが自分らしく生きるための第一歩です。

どんなビジュアルに惹かれるかは、そのときどきで変わります。

同じ花の写真でも、大きな花瓶に飾られたゴージャスな花に惹かれるときもあれば、小さな一輪挿しに心奪われることもあります。

「かわいい服がないかなー」と探していたのに、ハイヒールに目が釘づけになることもあります。お腹が空いているときは、おいしそうな写真が目に入るかもしれません。自分では絶対にしないようなメイクに惹かれることもあるでしょう。文章や文字ばかりが気になることもあるでしょうし、同じ色のものを切り抜くときもあるかもしれません。それで大丈夫です。

講座を受講したある人は、なぜか「窓」の写真ばかりを切り抜いていました。後から、「あの窓には、会社員を辞めて自由になりたいという欲求が象徴されていたんだと思います」と話してくれました。いまでは会社員を卒業して独立。たくさんの仲間と、仕事もプライベートも充実した時間を楽しんでいます。

どんなモノでも情報でも、まずは自分が「惹かれるもの」を切り取ってみてください。**「これを持っていたらすごいと思われそうだから」「自慢できそう」みたいな思考はストップ**させて、心がどう反応するかを観察しましょう。

そこに間違いはありません。自分の感覚に集中です。

贅沢な時間を自分にプレゼント

「魔法の夢ノート」作りを始めると、すぐに思考が落ち着いて、自分の世界に没頭していることに気づくと思います。それは静かで、でもちょっとワクワクする、とてもピースフルな時間。**自分と楽しく対話ができるマインドフルネスな体験**です。

多くの人は、毎日忙しくて、自分の心を感じる時間を持つことが少ないと思います。仕方のないことではありますが、実はとてももったいないんです。

成功者と呼ばれる人は、瞑想《めいそう》をしたり、ノートに自分の気持ちを書いたりと、自分の心と向き合う習慣を必ず持っています。それは、自分の内側につながることの大切さを知っているからです。その時間が、**雑念を払ってやるべきことを明確にしてくれる**んです。

「魔法の夢ノート」でも、まとまった時間を確保するのが理想です。できれば1時間程度、自分との大切な約束としてスケジュール帳に書き込んでおきましょう。難しいことは一切ありません。自分にプレゼントしてあげることのできる、とっても贅沢な時間です。

「忙し過ぎて1時間なんて無理！」という人は、スキマ時間を活用してください。電車の中や家事の合間に雑誌のページを破いて、ノートの間に保存しておく。そうして寝る前やちょっと早起きした朝に、休日のひとときに、ノートを作ってみましょう。

「このノートは私に何を伝えたいの？」

準備した雑誌をひと通り切り貼りしたら、ノートをゆっくり眺めてみてください。ルールはありませんが、ノート1冊を貼り終えたタイミングがわかりやすいと思います。時間で考えたほうがやりやすい人は、1カ月の終わりに眺めてみるのもいいと思います。なんとなく一区切りした感じや、満足を感じたらというのでも大丈夫です。

ノートを見返して、何か感じることはないでしょうか。

「このノートが自分に伝えたいことがあるとしたら、どんなことだろう」

そんな視点で眺めてみてください。**自分がなぜそのビジュアルに惹かれている**

のかが、だんだんとはっきりしていきます。

- やっぱりカラフルなものが好きなんだな
- 自然の中で静かにゆっくり過ごしたいと思っているんだな
- 本当は素敵なパートナーとゆっくりと過ごしたいのかな
- 家族ともっと笑い合いたいんだ
- 仕事にもっと集中したいのかもしれない

普段はボーイッシュな服を好んで着ていた人のノートが、フリルやレースのかわいらしいお洋服ばかりになった、ということがありました。彼女は普段ノーメイクだったけれど、たくさんのメイクの写真も登場します。

自分が作ったノートを見ながら、こんなことを言いました。

「自分が生まれたとき、両親は男の子を望んでいたようです。小さい頃、『男の子だったらよかったのに』と言われたことがありました。たった一度だったかもしれないけれど、ずっとどこかに引っかかっていた気がします。自分にはこんなかわいい服は無縁だと思っていたし、メイクにもまったく興味がないと思っていました。でも、本当はかわいくなりたいんです」

講座に来られる女性は、みなさん綺麗になります。それは、自覚していなかった本当の願いを見つけるからです。

誰かから「本当はもっと綺麗になりたいんじゃないの？」と言われたら、たとえその通りだったとしても、認めるのって難しいですよね。つい、「そんなことありません！」と強がってしまうこともあります。

ノートは、優しく、静かに、語りかけてくれます。**自分から見せない限りは、誰にも覗かれることはありません**。なんとなく感じたことを、大切にしてみてください。はっきりとは言葉にならなくても、それがいまの自分にとっての答えです。

「魔法の夢ノート」は、「何冊作れば終わり」ということはありません。自分の「好き」がはっきりしたのであれば1冊だけでも構いませんし、どれだけたくさん作ってもいい。心のままに楽しんでください。

同じ「料理好き」でも何を求めているかは違う

以前、2人の女性が同じように料理の写真をたくさんノートに貼ったことがありました。2人とも「料理好き」だと言います。

ただ、よく見ると同じ料理の写真でも、少し雰囲気が違います。

Aさんのノートには、大勢の人が料理を囲んでいる写真が貼られていました。料理は大皿でカラフル。料理の周りではみんなが楽しそうに笑っています。どれも、パーティやイベントのような場面で、楽しい時間を連想させてくれるものばかりでした。

一方のBさんのノートを見ると、1対1で向き合っている男女の間に料理がある写真でした。静かにゆっくりと語り合う2人の笑顔と、料理とお酒。

Aさんのノートを見ながら「イベントが好きなのですか?」と尋ねると、「そうなんです。いつか古民家を借りて、みんなが集える場所をつくるのが夢なんです」と話してくれました。

ノートに貼られた写真たちを見て、Aさんは**「自分が本当にやりたいのは、人が集う場所やきっかけをつくることだ」**と気がつきました。手始めにお花見会を主催してみたところ好評で、毎年参加人数が増えているそうです(執筆時は新型コロナウイルスの影響などにより休止中)。

Bさんには、「旦那さんとゆったりとした時間を過ごしたいのですか?」と聞いてみました。**「お互いに毎日仕事や子育てで忙しいけれど、本当は、2人でゆっくり話す時間を何より大切にしたい」**と言います。

ノートをきっかけに、2人の時間を大切にできていなかったことを夫婦で反省。それからはできるだけ会話する時間を持つようにしました。それまで以上にお互いを思いやることができるようになり、子どもが生まれる前のように2人の楽しい生活を送っているそうです。

このように、一見同じようなものが貼られていても、その向こうにある本当の望みは人それぞれです。自分のノートは何を伝えようとしているのか、自分は何を求めているのか、読者のみなさんも、楽しみながら耳を傾けてみてください。

「もし生まれ変われるとしたら？」の意外な答え

翻訳家の女性が「魔法の夢ノート」をしてくださったときのお話です。彼女は最初にこんなことを言っていました。

「学生時代、一緒に英語を勉強してきた友人がいる。いま、私は室内にこもって本の翻訳をしているけれど、彼女は海外を飛び回ってバリバリ活躍している。正直、うらやましいんです」

講座の中では、ノート作りと合わせて、みなさんにこんなワークをしてもらいます。

「もし生まれ変われるとしたら、どんな人生を生きてみたいですか？

『こんな人生だったら面白そうだな！』という視点で3パターン書いてみてください」

彼女の答えは、「研究者」「考古学者」「作家」でした。海外を飛び回る友人がうらやましいと感じていたはずなのに、三つとも、じっと一つのことに取り組むイメージの職業です。

これを見て、本人も驚いていました。

「海外を飛び回っている彼女のほうがすごいと思っていたけれど、もし生まれ変わっても、私は部屋でコツコツ仕事をすることに喜びを感じている気がします。本当のことを言うと、海外に行くのは年に一度、夫との旅行で十分なんです」

海外を飛び回っている姿は、一見華やかに見えます。でも**うらやましいと思う人と同じことができても、それで自分が満足するかどうかはわからない**んですよね。

同じワークを体験された、別の人のお話です。

その人は女性にしては長身で、普通にしていても目立ちます。田舎で育ったこともあり、両親からはいつも「目立たないように」と教えられてきたそうです。

彼女のワークの三つの答えは「ロックスター」「ハリウッド女優」「大統領」。どうやっても目立つポジションです。

「本当はもっと目立つようなポジションが好きなのではないですか？」と伝えると、みるみる顔が輝きました。

「本当は人前に立って、みんなを引っ張っていくことが向いていると思います。でも、そうすることも、そう思うことも、良くないことだと思っていました。だから苦しかったのかもしれません」

彼女はその後、お子さんの通う学校のPTA会長に立候補。それまでは仕事で悩むこともあったそうですが、自分の長所が明確になったことで、リーダーシップを発揮できるポジションに就《つ》くことができたそうです。

私たちは、「こういうことがすごい」「こういうのがダメ」と勝手に思い込んで、落ち込んだり、悩んだりしています。でも、自分の幸せとは関係がないことで悩んでいるなんて、時間のムダです。

自分が自分に禁じていることを疑ってみましょう。「コツコツやりたい」「人前に立ちたい」という願いも、自分を生かすための大切なメッセージ。自分の内側で感じていることに正直になることがとても大切です。

本当に高級ブランドの服が欲しい？

「魔法の夢ノート」に貼るのは自分が好きなもの。だから基本的には見るたびに嬉しくなるようなノートになるはずですが、ちょっと悲しくなってしまうこともあります。

それは、「高価」なものがたくさん貼られている場合。高い服や海外の写真、高級な住宅インテリアが貼られていると、「そんなの欲しがってもいまの自分には無理なのに」と考えてしまいます。

私たちは常に、「これが欲しい」「あれが欲しい」と願っています。それを手に入れるために、「もっとお金があったらいいのに」と思いますよね。でも、どこまでいったら満たされるのでしょうか。

欲しいものをすべて買ったら？　それだと遠過ぎてげんなりしてきます。そんなときは、**ちょっと遠くからノートを眺めてみましょう**。

- このブランド服を着た私は、どんな気持ちを感じるんだろう
- 自分はヨーロッパの何に惹かれているんだろう
- こんな豪華な部屋で、私はどんな風に過ごすんだろう

そうすると、**高価なものを欲しがる理由が見えてきます**。

ある人は、一流ブランドのゴージャスなジュエリーの写真をたくさん貼っていました。安くても一つ数百万円。数千万円なんてものもありました。

そのノートを見て、彼女は「いまの自分では到底手が出ない」と落ち込みかけていました。そこで、「このジュエリーを身につけたら、どんな気分になりそうですか？」と聞くと「キラキラしたものが目に入るたびにときめくと思います！」と言います。

彼女が欲しいのは、キラキラを身に着けることで感じるときめきです。それを

満たしてくれるのであれば、貴金属ではない素材で作られたコスチュームジュエリーでもいいわけです。

そう言うと寂しく感じるかもしれませんが、高価なジュエリーをたくさん持っている人でも、あえてコスチュームジュエリーを選ぶことがあります。コスチュームジュエリーだからこそ、嫌味にならずにキラキラ感を取り入れることもできるんです。

ノートに貼ったものが高価過ぎて買えない、とあきらめることはありません。**自分が本当に欲しいものがわかれば、いまの自分にできる範囲で手に入れる方法が見つかります**。

ただ、こうした考え方だけだと寂しいですよね。ブランドのバッグや高級車に心からときめく人もいます。その場合もあきらめなければいけないかというと、そういうことでもないんです。

ちょっと背伸びするくらいの買い物をしてみる

貯金がなくなってしまうような値段のものであれば考えものですが、ちょっとがんばれば買えるものであれば、思い切って買ってみてもいいと思います。『お金の神様にかわいがられる』シリーズ（ＫＡＤＯＫＡＷＡ）などで知られる藤本さきこさんは、**「自分が心から欲しいと思うのは、いまの自分が出せる３割増しの値段のものが多い」**とおっしゃっていました。私もそう思います。

以前、清水《きよみず》の舞台から飛び降りる気持ちで、かなり高価なワンピースを買ったことがありました。最初はウキウキしましたが、時間がたつに連れて、喜びとは言えない感情が湧いてきました。

- 今月のお財布、大丈夫かな

● こんな高いの不釣り合いだったかな
● こんなに高いもの買ったんだから、たくさん着なくちゃもったいない

みなさん、こうした経験をしたことがあるのではないでしょうか。もちろん、時には特別な買い物も大事ですが、普段の暮らしとギャップがあり過ぎるものだと、「いいなあ！」と思っても、使いこなすのは難しい気がします。

好みもあると思いますが、私の場合、そのワンピース1着分の値段でお手頃な服を何着か買って、あれこれ組み合わせて楽しんだほうが、満足することがわかりました。

「いつかもっと高いものを買えるようになるぞ！」という願いを捨てる必要はありません。最初から無理とあきらめてしまうのはもったいない。その思いが原動力になるという面もあります。

ただ、いったんその願いは横に置いておきましょう。まずはいまの自分がちょ

っとだけがんばったら買えるもので、思い切り楽しんでみる。**小さいけれど特別な体験を自分にプレゼント**してあげてください。その喜びが、自分をさらに望む未来に連れていってくれます。

「切って貼る」で本当に夢が叶うの？

私たちは、うまくいかないことがあると、どうしても自分以外に原因を探します。そして、**自分にできることを考えるのではなく、周りを変えようとします**。

例えば、パートナーにもっとお金を稼いでほしいという不満があったとします。すると「あの人のせいで自分は大変なんだから」と、パートナーを変えようとします。でも、なかなか変わってはくれませんね。そうしてさらにイライラは募《つの》ります。自分が何か一つ工夫するだけで、暮らしやすくなるかもしれないのに。

仕事の環境に不満があるというような場合も同じです。どの部分を嫌だと感じているのかを細かく見たら改善できる点があるかもしれないのに、すべてを環境のせいにしてしまいたくなります。

もちろん、**周りの人や環境を変えようとした結果、現実が変わることもあります。でも、それって実は遠回り**なんです。

「魔法の夢ノート」を続けていくと、結果として夢は叶っていきます。でも、**「現実を変えるために」ノートを作るわけではありません**。ここがポイントです。

雑誌の中から自分が惹かれるビジュアルを切ってノートに貼っていく。この作業の目的は、忘れていた「好き」を思い出すこと、無意識で惹かれているものを認識することです。

第1章でお話ししたように、私たちはいつの間にか自分の「好き」を忘れていきます。もしかしたら「好き」が目の前にあるのに、自分とは関係のないことだと思い込んでいるのかもしれません。

「ラス(Reticular Activating System)」という脳の機能をご存じでしょうか。簡単に言うと、自分が関心を持つ事柄に関する情報に対して、脳が敏感になることです。

ダイエットに興味がある人は、ネットやテレビのダイエット情報に詳しくなる。子育ての最中には、子どもの健康や教育に関する情報がたくさん飛び込んでくる。そのように、無限にある情報の中から、必要な情報だけを認識する働きです。

「魔法の夢ノート」もこれと同じです。それまで心の隅に追いやられていた「好き」をノートに貼ってあげることで、自覚できるようになります。

どんなに叶えたいことがあっても、それを否定していたのでは何も始まりません。まずは自分が自分の願いを知り、認めてあげる。すると、その願いを叶えるために必要な情報が入ってきたり、自然と次にやるべきことが浮かんだりします。そうしてだんだんと具体的な行動をとるようになり、自分が望む方向へ進んでいくことができるんです。

満足を少しずつ広げていく

先ほど、「現実を変えるために」ノートを作るわけではないとお話ししました。自分の願いを叶えるまでの過程を意識し過ぎるのは、逆効果です。ゴールから考えると、その道のりをあまりに遠く感じてしまいます。

私たちは、あれもこれも叶ってほしいと願います。でも、叶えるために途方もない努力が必要だと感じたり、叶える方法がわからなかったりすると、「どうせ無理」とあきらめてしまいます。

もちろん努力も大事ですが、それだけだとちょっと苦しくなってしまいます。「これ以上何をがんばればいいんだろう」って。

そもそも、目標に向かって地道に努力できる人もいれば、そうではない人もいます。**人並み以上に努力した人だけが豊かになるのだとしたら、寂しい**ですよね。

いまの自分でもできる、小さなことからで大丈夫です。

おしゃれな服の写真が貼られているなら、その服たちと同じテイストのTシャツを1枚買ってみる。

海外の雄大な海に惹かれるなら、近くの海や湖でいいから水を感じられる場所に行ってみる。

仲の良さそうな家族の写真が貼られているなら、家ではついイライラしてしまうけれど、たまにはランチを買って、みんなで食べてみる。

ノートを見て感じたことをヒントに、いま、心が求めていることを自分にプレゼントしてあげる。「そんなことで？」と思うかもしれませんが、小さな経験を繰り返すことで、確実に望む未来へ近づいていきます。

いまのまま満足する日々を過ごして、少しずつ満足を広げていく。それがスムーズに豊かになっていくコツなんです。

「魔法の夢ノート」はちょっと先の未来予定図

「魔法の夢ノート」を見返すことで、自分の好きを思い出す。少しずつ満足を増やしていくことで、だんだんと望む方向に近づいていく。

そうした順番を越えて、**ノートが未来から語りかけてくる**ように感じることがあります。

私が最初に作った「魔法の夢ノート」には、自然の風景や広々とした空間、凛とした女性の写真が多く貼られていました。でもあるとき、いつものように雑誌をめくっていると、突然エレガントでかっちりとしたパンプスやメイク道具に目が奪われる日がありました。

田舎で子育てをしていた私に、パンプスはあまり使い道がありません。メイクに関しても、まったく興味がありませんでした。

でも、ここまでお話ししているように、「魔法の夢ノート」では、心の動きを受け入れてあげることを大切にしています。感覚に従って、パンプスやメイク道具の写真をノートに貼ってみました。

素敵なパンプスが欲しいという気持ちはだんだんと強くなっていきます。使う機会があるのかどうかもわからないけれど、ちょっとだけ高価なパンプスを買いました。「使わなかったらどうしよう、もったいないな」と、ドキドキしながら。

するとそれからしばらくして、なんと「東京で『魔法の夢ノート』の講座をしてくれませんか？」というオファーが来たんです。もちろん、喜んで受けました。いま振り返ると、パンプスやメイク道具の写真に惹かれた頃、うっすらと、「東京に行って仕事をしてみたいなあ。銀座の街を歩いてみたいなあ」と、思い始めていたのだと思います。

いつか新幹線に乗って、東京へ仕事に行くような自分になりたい。でも現状は実家の一部屋を使って仕事を始めたばかり。すぐにおしゃれなバッグやパンプスが必要になる気配はまったくありませんでした。

でも、思い切って買ったら、オファーがきた。

このとき思いました。もしかして、急にパンプスに惹かれたのは、**「将来の準備をしておきなさいよ」というお知らせ**だったのかもしれないと。


これをしておいたほうがいい気がする。やめておいたほうがいい気がする。そんな「予感」を感じた経験は誰にでもあるのではないでしょうか。

必要になる前に感覚がキャッチして、急に何かに惹かれたりするんじゃないだろうか。そんなことを考えながら、これまでたくさんの人のノートを見てきました。

すると、やはり、かっちりとしたバッグやパンプスの写真を貼っていた専業主婦の人が全国で仕事をされるようになったり、それまで興味がなかった腕時計の写真を貼っていた人が起業家へと転身されたり。私の考えは間違っていないように思います。

「魔法の夢ノート」はちょっと先の未来予定図。望む未来に必要な、準備しておくべきことを教えてくれます。感じたことを大切に、次の一歩を踏み出すヒントにしてみてください。

ミラクルはいつも小さなところから始まる

自分が欲しいこと、やりたいことを自覚することで、現実がうまくいくようになる。そうした考え方は「引き寄せの法則」といった表現もされます。

こうした視点では、理屈では説明できないことも起きてきます。人間は本来、勝手に幸せになるもの。他人の価値観や世間の常識といった要因が邪魔をしているけれど、それを取り払うことができたら、勝手に幸せになれる、という考え方ですね。私はこれを信じてもいいように思います。

あるとき、フルタイムでバリバリお仕事をされているママさんが、講座に来てくれました。彼女には小さいお子さんがいましたが、帰宅できるのは毎日遅い時間。仕事に育児にヘトヘトで、もう仕事を辞めようと考えていました。

彼女のノートには、かわいいお弁当や、それを楽しそうに作っている女性の姿、色とりどりのお花の写真がありました。

最近は忙しくて忘れていたけれど、もともとお弁当作りが大好きだった。それを思い出した彼女は、子どもたちにお弁当が必要な日には、思いっきり手をかけて楽しいお弁当を作るようになりました。お花も、定期的に生花を届けてくれるサービスを利用して、いつでも飾れるように。

自分の心が喜ぶことを生活に取り入れることで、次第に心が満足するようになりました。すると現実が加速していきます。

彼女は以前から旦那さんと家を建てたいと話していました。でも、土地が見つかりません。それが突然、ちょうどいい土地が見つかりました。それまで何年も探して見つからなかったのに。

さらに、絶対に無理だと思っていた仕事の異動が決まり、その職場が、なんと新築した家のすぐ近く。しかも、職場が変わったことで毎日定時に帰れるようになりました。「こんなことってある？」と言いたくなるようなミラクルに包まれていました。

彼女は、現実を動かすために必死に努力したわけではありません。

ミラクルはいつも小さなところから始まります。周りを変えようとするのではなく、自分の心と、自分の手の届く範囲だけをがんばればいいんです。

ノートからのメッセージはとても感覚的なもので、最初はちょっとわかりにくいかもしれません。それに、自分の感覚を信じていいか不安になるかもしれません。でも、**とりあえずやってみましょう。何もマイナスはありません。**

大好きなアーティストのCDを聴きながら家事をしたり、洗面所に小さな花を飾ったり、素敵な食器を普段使いにしたり。仮に何も効果がなかったとしても、損はないですよね。毎日が少し楽しくなるだけです。

ノートから感じたことを行動に移してみて、安心や喜びが増えたのなら、その方向で。ちょっと違ったな、と感じたなら軌道修正。小さなことから楽しみながらやってみてください。

ゴールは設定しなくていい

本書の「はじめに」で少し触れたワークショップは、『ＳＯＵＲＣＥ』といいます。

『ＳＯＵＲＣＥ』はアメリカで生まれたもので、当時高校の先生だったマイク・マクマナス氏が、未来に希望を持てない子どもたちの「ワクワクすること」を引き出して才能を開花させ、立派に卒業させていった体験がもとになっています。

私は『SOURCE』のトレーナーもしていて、その教えの中に「ゴールを設定しない」というものがあります。私は、特に女性にこの考え方をおすすめしています。人生の節々で柔軟に対応することを求められる女性の場合、ゴールに向かうことだけを目的にしてしまうと、進路変更が苦しくなってしまうからです。

例えば、結婚や出産といった人生のイベントがあったとき、男性よりも女性のほうが変化を求められる場合が多いのが現実です。仕事を辞めたり、セーブしたりしないといけないこともあるかもしれません。そんなとき、具体的なゴールを設定してしまっていると、身動きが取りづらくなります。

仕事に限らず、**ゴールを決めることが自分の選択肢を狭めてしまう**ことがあります。私たちは毎日変化しています。昨日の自分と今日の自分では、考え方も変わっているかもしれません。

ゴールを決めつけてしまうと、幸せになることではなく、ゴールに到達することが目的になってしまいます。そうして無理を重ねて、どこかで燃え尽きてしまう可能性もあります。

将来の夢を追ったり、そのために**「がんばらなきゃ」と思い過ぎたりすると、いま、目の前にあるたくさんの幸せを見逃してしまう**かもしれません。

具体的なゴールを決めるのではなく、**大切にしたいことと、ざっくりとした方向性だけ決めておく**。そうすると、急に何かが起きても、大切にしたいことを真ん中に置いたまま、柔軟に対応することができるんです。

そして、大切にしたいことは、「魔法の夢ノート」が教えてくれています。私の場合は「静けさ」「広がり」「自立」。みなさんも、自分だけの「大切にしたいこと」を探してみてください。

自分と仲良くなるワーク❷

何も制限がなく、
何も心配がないとしたら、
どんなスタイルで仕事したいですか？
三つ書き出してみてください。

私ってこんな人

私たちはどうしても、未来を頭で計算してしまいます。

「いまからじゃ無理」
「変な選択をして失敗したら取り返しがつかない」

そんな風に、可能性をとても小さく決めてしまっているかもしれません。

大きな夢を叶えるのは、周りに「そんなの無理」と言われてもあきらめなかった人たちです。私たちも、たまには、思い切り夢を描いてみましょう。
どんなに大きくても、どんなに無謀でも、誰に迷惑をかけるわけでもありません。想像できることはすべて現実にできることだといわれます。あなたの心に浮かんだのは、どんな夢だったでしょうか。

第3章

自分の「感情」に名前をつける

「自分がどう感じるか」が幸せの基準になる

これまでの時代は、「幸せの形」がわかりやすかったと言えます。テストで良い点を取る、良い大学に進む、良い会社に入る。そうすれば定年まで安泰で、老後も約束される。そんな「みんな共通の目標」がありました。

ところが、いまは「これをすれば幸せになれる」という共通の基準はなくなってしまいました。

大きな企業に就職すれば幸せになれる、というわけでもなさそうです。職業は多種多様になり、子どもたちの「将来なりたい職業」には、「ユーチューバー」がランクインしています。インターネットを使って一夜でスターになることもできるのですから、本当に時代は変わりましたよね。

10年前では考えられないくらいに、生き方の選択肢は広がっています。それは素敵なことではあるけれど、**自由だからこそ、自分にとっての幸せを見極めないと迷子になってしまいそう**です。

　これからの時代では、**自分は何がどうであると幸せなのか、あるいは不幸なのか**を明確にすることが、とても大事になってきます。自分は何を手に入れるべきで、不要なものは何なのか。それがわかっていないと、情報や周囲に振り回されてしまいます。

　みんなと同じ答えがないなら、幸せの基準は「自分がどう感じるか」になります。これからの時代は、**「感じる力」がとても大事**です。感覚や感情を大切にすることで、自分を生かして、幸せを選び取れるようになります。

　こうして言葉にするととてもシンプルですが、困ったことに、私たちは感じる力を磨くということをあまりしてきていません。本章ではそのことを考えてみましょう。

成長の過程で感情に蓋をしてしまう

赤ちゃんが生まれて最初に感じる感情は、「快」と「不快」だといわれています。お腹が空いた、オムツが濡れて気持ち悪い、そんな不快を感じると、泣いて訴えます。反対に、お腹いっぱい、オムツを替えてもらって快適、といった心地良さを感じているときはニコニコしています。

そこから成長していく間に、感情はより複雑に育っていきます。楽しさ、達成感、満足感、不安、嫉妬《しっと》、劣等感……。自分だけの幸せの基準を持つためには、それらを敏感に捉えることが必要です。

でも、育った環境により、感情に蓋をしてしまう人も多くいます。例えば両親がとても厳しかったり、不仲だったりすると、**なるべく嫌な感情を感じなくて済むように、感情をなかったことにしてしまう**場合があります。

「寂しい」「怖い」「抱っこして」。そうお母さんに言ったら、「いま忙しいから」

と拒否された。それが悲しくて泣いてしまえば、大好きなお母さんが困ってしまう。お父さんとお母さんが喧嘩ばかりしているのは、自分がいい子じゃないからだ。

こう考えるのは、もちろん悪いことではありません。お母さんのために「いい子」であろうとするのですから。でも、**感情を無視し続けると、自分が何をどう感じているかがわからなくなってしまいます**。そうしてますます、感じていることを表現できなくなって、大人になっても違う自分を演じてしまいます。もちろん無意識で。

- 本当は辛いけれど、あの人だってがんばっているんだから弱音なんて
- 本当はもっと優しくしてほしい。でもみんな大変なんだ。我慢しよう
- 本当はもっと一緒にいてほしいけれど、迷惑をかけちゃいけない

当然、幸せからは遠ざかっていきます。

自分の感情をしっかりと理解してあげる。このことから自分の幸せが見えてきます。それは快も不快も両方。**すべての感情には理由がある**んです。

「好き」センサーを磨く

感情は複雑に入り組んでいて、わかりにくいものです。そのすべてを理解しようと思うと大変。**まずはざっくりと、「好き」「嫌い」くらいで考えてみましょう**。

私たちは好きな人には近づきたくなります。ウインドウショッピングをしていても、素敵なものを見つけたら、スーッと引き寄せられてしまいます。かわいい犬を見ると、近づいてなでたくなります。

そんな風に、**「好き」という感覚は対象に近づく力を持っています**。それは、「好き」が自分の人生を豊かにしてくれることを、本能で知っているからです。

恋をして盲目になってしまうのも、子孫を残して繁栄するためです。

「魔法の夢ノート」で「好き」を知るだけでなく、普段の生活のなかでも、ときめいたり、嬉しくなったりすることに注目してみてください。

いつも通る道に、季節の花が咲いているのを見つけたとき、掃除した後のお部屋で飲んだお茶がおいしかったとき、お土産にかわいいスイーツをもらったとき、本を買った帰り道、好きな人との他愛のないおしゃべり、天気の良い公園で風の匂いを感じたとき……。

こうした瞬間を大事にしてください。**自分の感覚が「好き！」と反応した瞬間を逃さずキャッチする**ことで、「好きセンサー」はどんどん磨かれていきます。

「嫌い」にも素直になろう

「好き」とは逆に、私たちの本能は、嫌いな人や場所、モノには近づかないように教えてくれています。

嫌いなものに囲まれて、嫌いなものを身につけて、嫌いな人と一緒にいる……。ちょっと想像しただけでも気分が滅入《めい》ってきます。どう考えても幸せにはなれなそうですよね。**「嫌い」だからこそ、そこから離れられる**わけです。

「嫌い」にも素直になりましょう。「この人は嫌い」「この場所には行きたくない」という気持ちを受け止める。みんな「嫌い」を悪いことだと思いがちですが、必要な感情なんです。

もちろん、わざわざ「嫌い」と言う必要はありません。対象が人であれば、人間関係もこじれてしまいます。それから、「嫌い」に素直になることは大事ですが、だからといって、「嫌いだからやりません」「嫌いだから行きません」というのは、ちょっと違います。

感じていることと、行動を分けて考えましょう。

面倒な仕事や付き合いたくない相手。「そっか、嫌いだよね」って認めてあげて、「でも、そう言っていても仕方ないから、がんばろう」と自分を励ましてあげる。すると、「嫌い」を大事にしたまま、現実に対応できます。

「それって結局同じことでは？」と思われるかもしれません。実際やらなければいけないことは変わらないわけですが、「これは嫌いなんだ」と自覚できることが大事です。感情そのものを感じないようにと考えると、どんどんセンサーが鈍くなってしまうんです。

「劣等感くん、いつもありがとう」

「好き」「嫌い」を入り口に、さまざまな感情に素直になりましょう。どんな感情も、私たちの人生をより良い方向へ運んでくれるためのセンサーです。ホコリがたまらないように、なるべく使ってあげてください。

ただ、ポジティブな感情はともかく、ネガティブな感情は、できればあまり観察したくないですよね。そこで、ちょっとしたテクニックをお伝えします。

それは**感情に名前をつける**ことです。

日本人はどちらかというと、ネガティブ寄りの民族だといわれています。私も、とても劣等感の強い性格でした。自分のダメなところばかりに目が行き、それを直すためにはどうしたらいいだろうと、見当違いの努力ばかりをしていました。

仕事を通して社会的に成功している人に出会うことが多くあります。その時間はとても充実していて楽しいけれど、終わってみると、彼らと比べた自分の能力のなさに落ち込むことが何度もありました。

そんなことが続いたある日、お手洗いに向かって歩きながら、また馴染《なじ》みのある感情がやってきました。

「嫌だ、もうこんな思いはしたくない」と頭で思っていても、何度も何度も湧いてくる、みぞおちがずーんと重くなる気持ち。

いつもだったらそのまま落ち込むところですが、そのときは「ああ、またか」と思ったと同時に、ひょいとその「劣等感」を掴んで、手に収めることができました。**自分から切り離して「劣等感くん」という別の生き物にした**感じ。

すると心がスーッと軽くなりました。

「劣等感くん、いつもありがとう。君のことが大嫌いだったけど、そこにいていいよ。私が未熟なのは事実。だったらこれからがんばればいいね」

ネガティブな感情の裏に本当の望みがある

いまでも劣等感くんはときどき遊びにきます。でも、その気持ちに振り回されることはなくなりました。見つけるたびに手の平の上に置いて眺めています。案外かわいい子です。

そう考えていると、この劣等感くんも私にとって必要な子なんじゃないかと思うようになりました。

私は劣等感にずっと苦しめられているような気がしていた。でも、こうやって見てみると、それほど嫌な感じもしない。**劣等感くんは、私に何かを伝えているのかも？**

「よくよく考えてみれば、ときどき劣等感を感じながらも、それをバネにがんばってきたからこそ、いまの私があるのかもしれない」。そう思えました。

それからは、劣等感くんがやってきたら、「お、来たね。私にはまだ伸びしろがあるんだね」と思うようにしています。

ポジティブな感情も、できれば避けたい感情も、ほんの少しでもより良い自分になりたいという原動力になります。


何かに向かってがんばるのは、その先に感じたい何かがあるからです。喜びやワクワク、充実感、達成感、感動、もしかしたら優越感もあるかもしれません。

それに、悔しさや寂しさ、悲しみ、怒りも、私たちは感じたいんです。

悔しさがなければ、「さらに良くなろう！」という意欲は湧きません。

寂しさがなければ、誰かと心からつながる喜びを感じられません。

悲しみがあるから、大切なものをより大切にしようと思えます。

怒りがあるから、大切な人やものを守ることができる。

負の感情は、自分が大切にしている価値観を教えてくれている存在でもあるんです。

どんな感情も、そこにいさせてあげて

不快を感じるとき、そこには必ず何か「より良くなるための本当の望み」があります。無視するのはもったいないんです。**どんな感情も「豊かな人生へのヒント」**だと捉えて、「そうか、私はいまそんな風に感じているんだ」と認めてあげてください。

「劣等感くん」だけでなく、「後悔ちゃん」や「嫉妬ちゃん」も同じ。

「お、後悔ちゃん来たね。今日はやっちゃったよねー」
「そうかー。いま嫉妬ちゃんがいるんだね。わかるわかる。嫉妬しちゃうよね」

はっきりとした感情ではなく、「なんだかわからないけれどモヤモヤする」というのも、大切です。そのときは意味がわからなくても、必ず何かを自分に伝え

ようとしてくれています。気のせいと邪魔者扱いせずに、そこにいさせてあげてください。

忙しいときは、すぐに仲良くできなくても大丈夫。

「いまは仕事中で忙しいから、家に帰るまでちょっと待っててね。後でゆっくり聞くからね」

そうして時間ができてから、あのとき何を感じていたかを考える。それだけで、ネガティブな感情も悪者ではなくなり、振り回される感覚から解放されていきます。

感情を大切にすることは自分を大切にすること

どんな感情も、より良い未来への方向を教えてくれる、とても大切なものです。ダメな感情なんて何一つありません。心地良く感じるものも、不快に感じるものも、すべて対等に扱ってあげてください。

- いつもクヨクヨ。私ってダメだな。後悔なんてしないようにしないと
- 綺麗なあの人を、どうしても好きになれない。もっと広い心でいなくちゃ

こんな風に、感情を思考で否定してしまうと、いつまでもその感情にとらわれたままです。

どれだけ頭で考えても、感情は消えません。それなら、いったんすべての感情を受け入れてしまいましょう。**否定されなかった感情たちは、全部自分の味方に**

なってくれます。ネガティブなままで終わらず、必ず自分を良い方向に導いてくれます。

- こんなに落ち込むほど、私は仕事を大切にしてるんだ。じゃあミスしないように上司に相談してみよう
- こんなに嫉妬しちゃうくらい、私は綺麗でいたいんだ。じゃあウォーキングから始めてみよう

自分にダメ出しをしがちな人は、自分の感情も否定しがちです。そうして、自分のことが好きではないと言います。

ダメな感情という認識がなくなっていくと、不思議なくらい、ダメな自分もいなくなります。**「そこにいていいんだよ」と受け止めてもらった感情は、「そこにいていいよ」と言われた自分と同じ**。感情を大切にすることは、自分を大切にすることでもあるんです。

「気分」で行動するのは危険

感情に素直になることが大事。ただ、一つ気をつけてほしいことがあります。それは「感情」と「気分」は違うということ。何をどう感じるか、根っこの感情が大きく変わることはないけれど、もっと浅い部分で感じる「気分」はコロコロ変わります。これにとらわれてしまうのもよくありません。

朝起きて、「今日は会社に行きたくないな」と思ったとします。それが本当の感情だったら大事にすべきですが、単純に「布団から出るのが面倒くさい」ということもたくさんあります。

それでもなんとか起きてテレビをつけると、占いで自分の星座が1位。「今日は最高の日になるでしょう」と言われると、一気に嫌な気分が消えてハッピーになる。

こうした気分の動きに振り回されずに、仲良く付き合いましょう。

もちろん、体調が悪いなら無理をしてはいけませんが、占いで気分が変わるくらいなら、とりあえず会社に行く。そこで「なんで行きたくなかったんだろう」と、振り返ってみましょう。「面倒くさいだけだったんだな」と感じるなら、朝の気持ちは単なる気分です。

一方で、**時間を置いてもネガティブな気持ちが残るなら、何か理由があるはず**です。疲れているなら、週末は家でゆっくり過ごすようにする。仕事のプレッシャーを感じているなら、同僚に相談してみる。

後から振り返ることで、本当に感じていることがわかります。気持ちが揺れることがあったら、そこですぐに判断せずに、落ち着いてから改めて自分の心に聞いてみてください。

「本音」とは温かいもの

「魔法の夢ノート」の講座を受けたある方に、こんな話を聞いたことがあります。

「子どもの頃、お母さんが忙しくて、あまりかまってもらえませんでした。それがずっと心のどこかに引っかかっていて、先日、思い切ってお母さんに伝えたんです。『あのとき、寂しかった』って。

本音を伝えることでお互い素直になれる、みたいなイメージあるじゃないですか。でも、私の言葉を聞いたお母さんは、すごく苦しそうな顔をしたんです。それを見て自分の中にもモヤモヤが残ってしまって。ぜんぜんスッキリしませんでした」

人間関係では、よく「本音を伝えたほうがいい」といわれます。

間違ってはいませんが、本音を言ってスッキリしたはずなのに、後味が悪いということもあります。

それ、本当に本音でしょうか。

私が思う「本音」は、温かいものです。その日の気分の、もっとずっと奥底にあるもの。明るい感じがするもの、広がりを感じるもの、自然に顔がニコッとするもの、どっしりとした安心を感じるもの、「こうだったらいいなあ」という純粋でかわいいもの。

心の底からの願いは誰も傷つけません。誰かにぶつけるものでも、相手を黙らせるものでもありません。

例えば、お母さんが食事を作るのが大変で、「嫌だ！　私ばっかりやらされて！」と思っても、その奥には「子どもに健康であってほしい」という本音があります。だから、イライラしながらも作るんですよね。

心と対話していくと、本音が見えてきます。その上で感情がざわざわするなら、何か工夫の余地があることを教えてくれます。

「子どものためにご飯を作ってあげたい。なのに、なんでこんなにイライラするんだろう。キャパオーバーなのかな。だったら、もっと楽にできるやり方はないかな」

そうして自分の本音に沿った工夫をすることが、自分らしい豊かさにつながっていきます。

時には我慢できないこともあります。言いたいことをぶつけることも、あっていい。それすら否定してしまうと苦しいだけです。ただし、本音は別の場所にあるかもしれない。少し落ち着いてから、自分に問いかけてみてください。

本音がわかれば解決策もわかる

「魔法の夢ノート」のトレーナーをしている女性に聞いたお話です。

6歳の娘さんがあるとき言いました。

「けんちゃん（弟・仮名）がいなかったらよかったのに。けんちゃんがいると私の生きたいように生きられない」

その言葉を聞いてお母さんはショックを受けました。娘さんの本音を聞き出そうと、次の質問の答えを書かせたそうです。

「もし、けんちゃんがいなかったら何をしたい？」

娘さんは、こんなことを書きました。

- 工作をしたい
- お勉強をしたい
- 新しい本をいっぱい読みたい
- ひとりでハーモニカを吹きたい
- ぬりえをしたい

これを見てお母さんは気づきました。

「そうか、この子はひとりの時間が欲しいんだ。自分のやりたいことに集中したいんだ」

早速、この望みを満たしてあげられるようにしてみます。

「明日ママはけんちゃんと遊んでいるから、その間にハーモニカやる？」

「やる！」

「けんちゃんのことは嫌い？」

「好き。だけどいまはイライラする」

本当は、弟にいなくなってほしいわけではない。嫌いなわけでもない。ただ、自分がやりたいことを集中してやりたい。それだけだったんです。

本音を見つけるまでは大変ですが、見つけさえすれば、意外と簡単に解決策が出てきます。仕事や家事でも、**本音と気分を分けて考えることができたら、嫌いになったり戦ったりしなくても済むことがたくさんある**のかもしれません。

みんな「感覚のセンサー」を持っている

感情を大事にしていくと、「感じる力」はどんどん強くなっていきます。するど、「感覚」も磨かれていきます。味覚が敏感になって、サラダのドレッシングの味が濃過ぎるように感じたり、季節の温度変化を細かく感じるようになったり、これまで気にならなかった生活音を嫌に感じたり。

そうした五感に加えて、**第六感、予感のようなものも働くようになります**。私たちには感覚的なセンサーがついていて、言葉にならない感覚を普段からキャッチしています。こうした感覚を気のせいとせず、しっかり捉えることがとても大事です。

幸せを手に入れた人たちを見ると、理屈では説明できない感覚を大切にしてい

ると感じます。

私の知人が結婚するとき、お相手にはまったく貯金がなかったそうです。彼女はそのとき、別の男性からもアプローチされていました。お金の面でも人間性としてもしっかりとした人でした。

でも彼女は、後の旦那さんになる人に惹かれていました。理由は、「なんとなく、この人となら、人生が面白くなりそうだから」。

他人が聞くと、ちょっと危ないんじゃないかとも思えますが、結婚後、旦那さんは事業で大成功。いまでは誰もがうらやむような素敵な家に住み、高級車に乗る生活をしています。かわいい子どもたちに恵まれ、自分のペースで旦那さんのサポートをしながら、とても幸せそうです。

このエピソードは、もちろん結果論です。ほかの選択がどんな結果を連れてきたかは誰にもわかりません。でも、感覚を無視して結婚相手の条件ばかりを考えていたら、いまのような幸せは手に入らなかったのだと思います。

「なんとなく」は危険なようだけれど、正解のない時代では重要な基準になります。**感覚が、進む道を教えてくれる**んです。

感じる力を磨くために、**普段から身体の声を聞く習慣を持ちましょう**。

おすすめはストレッチです。「昨日はもうちょっといけたのに、今日はキツイな」「今日は調子がいいな」と、自然に自分の身体と仲良くなれます。

瞑想などで、ゆったりと呼吸に意識を向けてみるのも効果的です。ほかにも、散歩をしながら鳥の声を聞き、風を感じる。花の香りをかいで、緑を眺めてみる。

自分の感覚に、豊かな人生のヒントがあります。日常的にできることで十分。感覚が敏感になっていくことを、すぐに実感できるはずです。

これからは女性こそが有利

もともと感覚が鋭い人と、そうではない人がいます。これまでの社会では、感覚に敏感な人たちは、生きづらさを感じていたかもしれません。

特に女性の場合、自分の感覚に従うことが難しかったと思います。小さい頃から男女平等。男子も女子も同じように肩を並べ、当たり前のように競争し、大人になってからも、小さい頃と同じように、競争社会の中でがんばっている人も多いと思います。

その中で小さな「嫌い」や「こうしたい」を感じていても、それを表には出さないようにする。そのほうが、物事がスムーズに運ぶことが多かった。女性のみなさんには、実感してもらえるのではないでしょうか。

それが楽しいのであれば問題ありませんが、無理を重ねてきた人も多いと思います。

でも、これからは違います。男女に分けて考えるのは時代遅れですが、自分らしく豊かになるには**女性こそが有利**だと私は考えています。

女性は男性に比べると、感情の起伏《きふく》も激しく、感覚も鋭い。これまで蓋をしてしまいがちだった**女性ならではの感性を大事にして、自分が感じるままに生きることが豊かさへの近道**なんです。

女性の身体が教えてくれる女性の生き方

経験のある人はわかると思いますが、妊娠中はとても感覚が敏感になります。それまではなんとも思わなかった味や匂い、音、下着の素材ですら突然ダメになることがあります。

無意識に嫌だと感じていたことを、わかりやすく感じるようになる。それは、感覚が敏感でないと、赤ちゃんを守ることができないからだと思います。

私はこれが女性の幸せな生き方のヒントになると思っています。

実はずっと嫌だと思っているのに、心地良くない集まりに無理して参加して疲れたり、本当は好きでもない音楽や香りを取り入れて、知らず知らずにストレスを溜めていたり。無理を続けているうちに、身体もメンタルも削られていきます。それを避けるために、豊かな感性を持っているんです。

女性の身体が教えてくれることがもう一つ。**「自分のリズム」の大切さ**です。

子どもがお腹に宿れば、その成長ペースをお母さんが変えることはできません。お腹に向かって、「もっと早く！」「もっとゆっくり」と言っても、赤ちゃんは一定の速度で大きくなっていきます。

お母さんにできるのは、できるだけリラックスして、無理をせずに過ごすこと。

赤ちゃんが**「お母さん無理をしないでね」「我慢し過ぎないでね」**と教えてくれているんです。

現実がどうしても思うようにいかないという人は、もしかしたら、**苦しさが「ちょっと違うよ」ということを、教えてくれている**のかもしれません。

もちろん踏ん張らないといけないときはありますが、身体や心を壊すほどのオーバーワークでは、自分らしく生きられません。ときどき立ち止まって、心の声を聴く時間を持ってみましょう。

自分で勝手に自分を追い込んでいた

私が過去を振り返ると、苦しかったのは決まって、仕事やプライベートが忙しい時期でした。ホッとゆるむ時間がまったくなくて、ハイスピードなラットレースをずっと走っていた感じです。

それなりに成果は出るのですが、心も体も疲れ果てて、笑顔はほとんどありませんでした。好きなことや楽しみに使うエネルギーも残ってはいませんでした。

幸い、両親が丈夫に産んでくれたおかげで、身体こそ壊しませんでしたが、メンタルはボロボロ。テンションが上がったり下がったりを繰り返していました。

調子が良いときはものすごく良いけれど、ダメなときはとことん落ち込んで、動けなくなる。季節が移り替わることにすら気づく余裕がありませんでした。

- ちょっと横になりたい
- 今日は手を抜いて外食をしたい
- 手伝ってほしい

家族にも、こんなちょっとしたことが言えなくて、とても苦しい思いをしました。そして、休みたいと思う自分を責めてばかりでした。

いま冷静に考えてみると、**誰も私に「走り続けること」を強制していませんでした**。「もっとがんばれ」なんて、一度も言われたことはありません。それどころか家族はサポート体制万全で、「無理しなくていいよ」といつも優しい言葉をかけてくれていたんです。

それなのに、私には聞こえていなかった。いや、正確には受け取れなかった。「無理するなって言ったって、仕事も家事も、私がやらなきゃ誰がやるの？」って。それで勝手に「もっとがんばらなきゃ」「こんな自分じゃダメだ」と自分を責めて、周りの人の優しさをはねのけていました。時には八つ当たりしてしまう。家族は私をどう扱えばいいのか、わからなかったと思います。本当に、いい迷惑ですよね。

なぜ「休みたい」と言えなかったのか。いまならわかります。必要以上に「ちゃんとしたお母さん」「ちゃんとした社会人」を背負っていたんです。自分のリズムより、世の中で正しいとされているリズムです。
雑誌を見れば、活躍する女性たちの、分刻みのスケジュールが載っています。あれが理想の姿で、私以外のみんな、それができると思っていたんです。そんなはずはないのに。

「立ち止まる」で現実が加速していく

私が「休むことが大事」だと知ったのは、下園《しもぞの》壮太《そうた》先生（元陸上自衛隊メンタル教官・メンタルレスキュー協会理事長）が提唱する「感情のケアプログラム」を学んだときでした。

蓄積した疲労は、感情に大きな影響を与えます。自分のリズムを無視してがんばり過ぎてしまうと、心身ともに不調になり、本来の力を発揮できません。

ただ、そうは言っても休むのは怖いですよね。私もいまは「自分のリズムが大事」と言えますが、正直、最初はピンときませんでした。

- SNSをやめたらみんなに忘れられてしまうんじゃないか
- 休んだら仕事が減ってしまうんじゃないか
- 収入が減ったらどうしよう
- 休んでいて、暇な人だと思われるのも嫌だな
- みんなに置いていかれる

そんな気持ちが離れませんでした。

休むことが大事、でも怖い。そこでまずはいまの生活のままできることから始めました。本当に小さなことです。

体調がイマイチのときは、ちょっと横になる、スマホを触らない時間を持って

みる、頭をオフにして家族と自然の中でゆったり過ごしてみる、煮詰まったときは考えるのをやめて、少し庭に出て深呼吸。

そうして**自分のリズムで暮らせるように工夫すればするほど、安心感に包まれるようになっていきました**。休むことが怖くなくなり、ライフスタイルを見直すこともできました。

すると無理をせず収入が上がり、関わっている人たちの豊かさもどんどん広がっていきました。「魔法の夢ノート」が教えてくれた、私が本当に欲しいもの。「静けさ」と「広がり」と「自立」。気づけばそのすべてが揃っていました。

みんなもう十分にがんばっている

自分が求めることが明確になると、工夫次第でいくらでも手に入る。そうして満たされたとき、**自分にとっての豊かさには、もう一つの要素が必要だと気づき**

ました。

それは、「家族」です。

「魔法の夢ノート」を始めた当初は、自分の幸せを考えても家族のことがまったく浮かんできませんでした。むしろ家族のせいで豊かになれないとさえ思っていました。

それが静けさと広がりを手に入れることで心が癒され、自立した女性を目指してがんばっているという自覚も持てた。ストレスなく回りを見渡したとき、近くにいる人たちの大切さに気づいたんです。

家族みんなが、自分らしく過ごしてほしい。自分だけとか、子どもだけとかは嫌だ。みんなが笑っていないと、私は嬉しくないと感じました。**私の幸せの中には、家族の幸せも入っていた**んです。

スケジュールに余裕が生まれたこともあり、家にいる時間は増えました。八つ当たりすることもなくなり、それまで以上に風通しの良い家族になりました。いつもお互いを気遣い、応援し合える関係性を築けています。

立ち止まることは誰もが怖いと思います。まずは小さく、いまの自分のままちょっとの工夫でできることをしてみましょう。

- がんばれば報われる
- 努力しないなんてダメなやつ
- みんなもっとがんばっているんだから

いつもそんなことを考えているのだとしたら、もう十分がんばっています。

そろそろ自分のリズムで生きることを許してあげてもいい頃です。

こまめなガス抜きは社会貢献でもある

気分が良いときは何を見ても美しく感じ、誰かの何気ない会話も楽しそうに聞こえます。自然と、周囲にも優しく、明るくなれます。

逆に、イライラが溜まってくると、見るもの聞くことすべてがイライラの原因に思えてしまいます。そしてそのうち、誰かに八つ当たりしてしまうなんてこともあります。

大爆発する前に、こまめにガス抜きしましょう。

私はイライラが溜まってくると、決まって本屋さんに行きます。たくさんの本や雑誌をパラパラ見ているうちに、感情が穏やかになっていきます。雑貨屋さんや花屋さんも好きなので、気分転換にはピッタリ。気の置けない友達とのおしゃべりも最高です。おいしい紅茶を淹れる、ウキウキするお洋服を買う。

身体の声を聴くのも大事です。疲れてきたなと思ったら、いつもより早く寝る。そうして**自分の様子を見て対処することができれば、イライラに振り回されることも少なくなります**。

子どもが反抗期だったり、お父さんが忙し過ぎたり、家族が多少ざわざわしているときでも、お母さんが笑顔だとみんな安心するのではないでしょうか。仕事でも、友人関係でも、笑顔の人がいれば雰囲気が優しくなります。

ニコニコ楽しそうな人を見ると、こちらも元気づけられることがありますよね。自分が電車の中でご機嫌にしている。もしかしたら、それを見ただけでポジティブな気持ちになる人がいるのかもしれません。

誰かに笑顔にしてもらうのを待っていても仕方ありません。**鏡の中の自分を笑顔にしたければ、自分が笑顔になることが先**。自分の機嫌を自分で取ることが、周囲へのためにもなります。こまめにガス抜きをしておくことは、ちょっとした社会貢献でもあるんです。

自分と仲良くなるワーク❸

もし生まれ変われるとしたら、
どんな人生を生きてみたいですか？
「こんな人生だったら面白そうだな！」
という視点で
３パターン書いてみてください。
三つで収まらない人は、
四つ・五つ書いてもかまいません。
二つしか出ない人も大丈夫です。

私ってこんな人

出てきた答えをよく見てください。何か共通点がありませんか？

「美しいものに囲まれていたいのかも」
「いつも最先端でいたいのかも」
「たくさんの人と楽しく過ごしたいのかな」

三つともバラバラだという人もいるかもしれません。それでも、自分からの大切なメッセージです。すぐにはわからなくても、ゆっくりと読み解いてください。

正解はありません。自分の感じたことを大切にしてくださいね。

第4章

「私」のままで、「いま」豊かになる

自信の三つの段階

自分を責めたり、周囲を責めたり、苦しみながら毎日を過ごす人がいる一方で、どんどん人生を豊かにしていく人もいます。

両者を分けるいちばん大きな原因は、「自信」があるかどうかだと思います。何があっても自分を信じることができる。この感覚がとても大切です。

自信は、その人が自分らしく生きるための土台になります。基礎がしっかりしていればどんな家を建てても大丈夫なように、根っこがしっかりしていれば美しい花を咲かせられるように、**自信さえ築けていれば、自分の人生を自由に彩ることができます**。

私は先にご紹介した下園壮太先生の「感情のケアプログラム」をもとに、「自信」を三つの段階で考えています。

第一の自信は、「持っている・できる」の自信。
第二の自信は、「私は私でいい」の自信。
第三の自信は、根底的な「安心感」です。

第一の自信はわかりやすいと思います。たくさんのモノを持っている、ある分野の技術や能力が人より優れている。受賞歴や資格、学歴、肩書きも誇る気持ちもここに入ります。

こうした自信はもちろんすばらしいものです。テストで良い点を取った、会社で表彰された。そうした経験が自分を作り上げて、さらに自信を高めていくという側面もあります。

ただ、「他人にどう思われるか」という発想だと少し危険です。人から褒められる、評価される、尊敬される。これらは、自分ががんばって結果を出したことのおまけのようなものです。

自分の周りにいる、尊敬できる人を思い浮かべてみてください。「他人からどう思われるか」を気にしているでしょうか。もちろんその人たちは結果を出すために努力をしていると思いますが、それはきっと、**自分の中から湧いてくる情熱に従っているだけ**です。

高学歴だったり、たくさんの資格を持っていたりするのに自信がない、肩書きが通用しない場所では、途端《とたん》に自信がなくなる、あるいは、がんばって結果を出したけれど虚しい。そんなことを感じる人は、第一の自信だけに頼っているのかもしれません。

行く先不安な時代を豊かに生きるためには、「他者にどう思われるか」といった外側の自信ではなく、内側の自信が大切になってきます。それが第二、第三の自信です。

自分の中に応援団をつくる

第二の自信は**「私は私でいい」**の自信です。

理屈として正しいことではなく、自分が感じていることを信じることができる。自分の考えをしっかり言える。そんな感覚です。

自分の感じていることより人の意見に従うほうが楽、「好き」や「嫌い」がよくわからない、という人は、第二の自信があまり育っていないのかもしれません。

子どもの頃、保育園で「さつまいもを描きましょう」と言われた。黄色や青のクレヨンで描きたかったけれど、「さつまいもは紫、葉っぱは緑、土は茶色を使って描くんだよ」と直されてしまった。

こんな風に、自分が感じていることを修正されたり、みんなと同じようにするよう促されたりすると、自分の感じていることがダメで、教えられたことが正解だと認識していきます。その繰り返しで、自分の感じていることを信じられなくなってしまいます。

私の知人に、幼少期を欧米で過ごした人がいます。

彼女は幼少期に通っていたキンダーガーデン（日本の幼稚園に当たる）で、何を描いても、どんな工作をしても、いつも褒められていたそうです。

「出来が良かったんじゃない？」と聞いたら、そうではないようでした。

先生や大人はどんな子どもたちにも無条件に、最大限の表現で褒めてくれていたそうです。振り返ると、この経験が、いまの自分の揺るぎない自信につながっているのではないかと、彼女は話してくれました。

このようにお話しすると、大人になってからではもう遅いのか、と思われるかもしれませんが、そんなことはありません。第3章でお話ししたように、**感情を認めてあげること、感覚を磨くことで、第二の自信は育っていきます**。

自分の中にどんなときも最大のエールを送ってくれる「自分」という応援団がいる。これって、本当に安心します。

「居場所がある」という安心感

第二の自信の上に、第三の自信が育ちます。**「居場所がある」「いざとなったら助けてくれる人がいる」「守られている」**という、どっしりとした安心感とも言える自信です。

精神的に安定していられるということは、強く折れない心を持っているということではないと思います。折れたとしても、「あの人がいるから大丈夫」「あの場所があるから大丈夫」だと思える。そうした安心感が自分を支えてくれます。

いま周りにいる人だけではなく、おばあちゃんの仏壇に手を合わせると心が落

ち着く、昔おじいちゃんは私のことをとても大事にしてくれた、というようなことでもいいと思います。

社会に出たとき、この自信が育っていると強く生きられます。たとえかっこ悪い結果になっても、「大丈夫だよ」と変わらないスタンスでいてくれる人がいる。そのことで怖がらずにチャレンジできるようになります。

子育て中の人は、普段から伝えてあげてください。

- どんなことがあってもあなたの味方だよ
- いざとなったらお母さんがいるから大丈夫
- いつでもここに帰って来ればいいからね

たまに親子喧嘩することがあっても、これさえ伝わっていれば大丈夫。子どもたちは安心感を持って飛び立っていくことができます。

第三の自信が育っていないと感じる人も大丈夫。これも**大人になってからでも育てることができます**。

一つは、周囲の人たちに対して、いまより少しオープンになることです。

そして、家族や恋人、友人といった具体的な人物が仮にいなくても、第三の自信を育てることはできます。その方法は、「好き」に夢中になること。

ここから、順番にお話ししていきます。

かっこ悪いことでも話せる関係を

学生時代、ひどい風邪で寝込んだことがありました。当時は一人暮らしで、友人に学校を休むと連絡だけして、ひたすら寝ていました。何か食べたほうがいいと思うけれど、熱が高くて買い物に出る元気もありません。そんなときに限って家に食材もない。

すると夕方になって、連絡をした友人が、「大丈夫？」とおじやを持ってきてくれました。蓋を開けた途端に湯気が上がり、たくさんの野菜と卵が入って見るからにおいしそう。熱にうなされていたことが嘘みたいに、一気に食べました。まぎれもなく、いままでの人生で、いちばんおいしい食事でした。あのとき感じた嬉しさと安心感は、いまでもはっきりと覚えています。

彼女には、普段から悩みも愚痴《ぐち》も話せる関係でした。いつも「自分でなんとかしなければ」とがんばっていると、人に頼ることができません。周囲の人も、心をオープンにしてくれない人を助けることはできません。

自分ですべてを解決できる人にあこがれる気持ちは、誰にでもあります。「自分でどうにかする」という意識が自分を強くしてくれることもあります。でも、それと同じくらいに、弱いところを誰かに知っていてもらうこと、「助けて」と伝えることは大切なんです。

困ったときは、信頼できる人にそのままの自分を話してみましょう。
「ちょっと悲しいことがあったんだ」と言ったら、受け止めてくれる人がいた。
「いま、ちょっとしんどいんだ」と言ったら、助けてくれる人がいた。

自分の感じていることを素直に表現しても大丈夫だったという経験を重ねることで、「私には居場所がある」「いざとなったら助けてくれる人がいる」という自信が育っていきます。

もちろん助けてもらってばかりではいけません。困ったときはお互い様。アドバイスや注意も大切だけれど、まずはすべてを肯定してあげる。いつも等身大の自分であることと同じように、相手のことも等身大で受け止めましょう。
「がんばったね」「大丈夫だよ」「大変だよね」

大切な人に伝えるそんな言葉は、自分自身へのメッセージでもあるんです。

「好き」には自然と熱中できる

自分が感じることに素直になって、少しずつ日常のなかで「好き」に使う時間やお金を増やしていく。

すると前よりちょっと毎日が楽しい、充実していると思えてきます。だんだんと「好き」の世界に集中して、自然とエネルギーを注ぐことができます。**「がんばる」という意識ではなく、楽しいから集中していく**。そうして自然と知識や技術が高まっていきます。

好きだからやっていたら、いつの間にか成長して、誰かに頼まれるようになった。そうして気づけば「好き」が仕事になっていた、という人はたくさんいます。**将来のために「好き」を探すのではなくて、「好き」に夢中になることで、新しい道が開けていくという順番**なんですね。

「他人のためになる仕事」「社会に役立つ仕事」をしたいという人もいますが、最初からその視点でがんばるのもちょっと危険です。

他者貢献することに純粋な喜びを感じるのであればいいのですが、貢献を意識し過ぎると、自分を押し殺して、「自分だけ楽しちゃダメだ」「みんなのためにがんばらないと」と、無理を重ねてしまいかねません。

スタートは、もっと自分本位でいいと思います。自分の感覚に従って取り組んでいたら、結果的に他者貢献になっていた。それが本来の形かなと思います。

「好き」を仕事にすることは、特別な人だけに許されていることではありません。確かに昔は難しかったと思います。お店を開くためにはたくさんのお金が必要でしたし、転職や独立も、安定した生活とは逆の選択肢とされていました。

でも、いまはネット上で簡単にビジネスを始めることができます。副業やお小遣い稼ぎからでもいい。商品を作ってネットショップで売ることができますし、文章を書くことが得意な人は、有料メルマガやｎｏｔｅを使ってお金を稼ぐことができます。テレビに出るアイドルにならなくても、ＹｏｕＴｕｂｅを使って有名人になることもできます。

私たちは、それぞれ違う個性を持って生まれてきています。**自分にしか生み出せない何かを持っていて、自分にしか紡《つむ》げない言葉を持っています**。まずはそれを世の中に発信するところから始めてみましょう。

「嫌い」を基準に生き方を考える

さて、「好きを仕事にする」とお話ししてきたのに、矛盾するようですが、豊かな人生のために、絶対に好きを仕事にする必要があると言いたいわけではありません。ハードルを高く感じる人も多いと思いますし、仕事になると、少なからず制約も出てきます。好きだからこそ趣味で楽しみたいということもあると思います。

そんな場合は、「嫌い」を基準にするのも一つです。嫌いなことをやらないで済む方法はないかを考えてみましょう。

かといって、「嫌いだから」という理由だけでいきなり仕事を辞められるかというと難しいですよね。それほど大きなことではなくても、**自分の嫌いなことになるべく時間やエネルギーを使わない**ようにする、ということです。

私の場合、パソコン関係が苦手なので、ホームページの運営や動画作成、講座に使うテキストのデザインなどは、外部にお願いしています。お金はかかりますが、自分が好きなことや得意なことに集中したほうが、結果的には効率が良くなります。

それに、**私が苦手なことでも、誰かにとっては好きなこと**。であれば、その人にやってもらったほうがお互いハッピーでいられます。

そうして**「嫌い」を取り除いていった結果、自分にピッタリな仕事やライフスタイルが見つかる**こともあります。

満員電車がどうしても嫌だから会社の近くに引っ越したり、家族との時間を大切にしたいからネットショップで生計を立てたり。

私も子どもたちの行事のたびに、勤め先に休みの申請をすることにとても煩《わずら》わしさを感じていました。子どもたちのがんばる姿を見ることのできる、貴重なチャンスです。それなのにいちいちストレスを感じるのが嫌で、仕事を辞めました。

「好き」に素直になっていくと、同時に苦手なことや嫌いなこともはっきりしていきます。嫌いなことを取り除くことで、心地良く暮らせるようになる。これも「好き」から始まる豊かな人生の築き方です。

「好き」に素直な人は周りから応援される

　ここまでお話ししたように、「好き」は自分を強い力で動かしてくれます。そのうえ、周囲の人たちの後押しも連れてきてくれます。

　まず、**「好き」に夢中になっている人は魅力的**です。

　芸能人のＹｏｕＴｕｂｅなどで、好きなことに没頭している姿を見ることがあります。目をキラキラと輝かせて発信する熱いエネルギーに、いつの間にか魅了されてしまいます。「好き」を見ることで、それまで興味がなくてもファンになる人はたくさんいるのではないでしょうか。

　そうして本人の「好き」をみんなに知ってもらうことで、新しい仕事が舞い込むこともあるようです。鉄道好きの芸人さんがバラエティー番組の電車特集に出ていたりします。

たくさんのファンがいるような有名人ではなくても、**「好き」を発信していくと、誰かが応援してくれたり、助けてくれたりします。**

例えば私はシャンパンが好きで、ときどきSNSで発信していたら、あちこちからプレゼントしていただくようになりました。ラーメン好きの知人は、いろいろな地域のラーメン店の情報が入ってくるそうです。

人は誰かの役に立ちたいと願う生き物です。好きを発信することで、それを見た人が情報やモノ、チャンスをくれる。そうしてますます、自分の周りが「好き」で満たされていくんです。

「失敗」は豊かな人生への最短ルート

「好き」「嫌い」に素直に生きてみましょう。もしもその結果**「違った！」と思**

うことがあったとしても大丈夫です。「これじゃなかった」「あっちに行けばよかったんだ」とわかる。できそうなことからやってみて、違ったら別を選べばいい。いつでも軌道修正できます。

「成功者の条件」はいろいろにいわれていますが、絶対的に共通しているのは行動の速さと行動量の多さです。だからこそ、人生の早い時点で自分に合っていること、合っていないことを見極めることができて、望む場所へたどり着けるのだと思います。

失敗は回り道どころか、豊かな人生への近道です。小さなチャレンジを通して、自分にとっての「より良い方向」がどんどん明確になります。

そして**小さなチャレンジに慣れていくと、大きなチャンスが目の前に来たときに、スッと手を伸ばせるようになります**。これほど効率良く自分らしいルートを知ることのできる方法はありません。

仕事で大成するとか、夢を叶えるとか、そんな大げさなことを考えなくても大丈夫。やりたいと思ったらやってみる。そのこと自体が人生を彩ります。

次にご紹介するのは、一緒に「魔法の夢ノート」を広めてくれているトレーナーが教えてくれた本の中の言葉です。

今、君が好きなことがそのまま職業に通じる必要は全くないんだ。大切なのは、何かひとつ好きなことがあること、そしてその好きなことがずっと好きであり続けられることの旅程が、驚くほど豊かで、君を一瞬たりともあきさせることがないということ。そしてそれは静かに君を励ましつづける。最後の最後まで励ましつづける。

(『ルリボシカミキリの青　福岡ハカセができるまで』〈福岡伸一著／文藝春秋〉プロローグより抜粋)

これまでは、自分の「好き」を、大したことではないと思っていたかもしれません。でも、そろそろ表に出してあげてもいい頃なのではないでしょうか。

私たちは凸凹を補い合うようにできている

誰にでも凸と凹があります。私たちはついへコんでいるところをなんとか埋めようとがんばってしまいますが、本書をここまで読んでくださった人には、もうその必要はないとわかってもらえると思います。

好きなことも嫌いなことも人それぞれ。好きなことを伸ばしていけば、誰かの役に立ちます。嫌いなことは、わざわざ伸ばそうとしなくても、必ず誰かが補ってくれます。

自分が自分のままでいることができれば、凸凹がハマるところが必ずある。私たちは、最初から互いの凸凹を補い合うようにできているんだと思います。自分の凹は誰かの凸と組み合うためにあるんです。

それは依存関係ではありません。それぞれが自立して、互いに助け合い、共存する。その集合体を社会と呼ぶのかもしれません。

そんな風に考えると、自分の欠点も大切に思えます。堂々と、好きや嫌いを言えるようになるといいですよね。できないことはお互い様。**自分が自分のまま生きていれば、必ず足りない部分を補ってくれる人がいる。これが安心して生きられる第三の自信をつくっていく**んです。

「あなたらしいね」と言われると、私は嬉しくなります。

昔は「すごい人」を目指して奮闘したこともありました。でも、どこまでいっても、自分以外の人にはなれませんでした。

すごい人になろうと努力するより、自分らしく力を発揮できることを考える。

自分の心が喜ぶことを考える。

そして、それが誰かの役に立ち、喜んでもらうことができたなら、こんなに嬉しいことはありません。どこまでも自分らしさを大切にしていこうと思います。

自分らしくいることが遠い誰かを救う

小学生の頃、みんなで風船に花の種をつけて飛ばしたことがあります。数日後、種を拾った方から学校に「大事に育てます」と連絡があったそうです。校長先生が嬉しそうに教えてくれました。

あの広い空に舞い上がった風船が、会ったこともない誰かに届いて、その人が花を育てると報告してくれた。自分の手から離れたものが、誰かの手に渡り、花が咲くことを待ち望んでくれている。

特別な出来事ではないかもしれませんが、私はとても嬉しく感じました。当時は言葉にならなかったけれど、豊かさが広がっていくことを実感したからだと思います。

目には見えないけれど、遠いどこかの人ともつながっている。自分の手から離れたものが、遠い誰かの楽しみになる。もしかしたら、その人の笑顔が、また近くの誰かを勇気づけるのかもしれません。


みんな、自分だけの役割や使命を持っています。

残念ながらみんな、お母さんのお腹から出た瞬間に忘れてしまうけれど、思い出す方法もあります。

自分が感じていることに素直になること、自分の中から湧いてくる温かな思いを大切にして、本音に沿って行動してみることです。

その結果、より社会に役立つ価値を提供できるようになる。お互いに補い合えるようになる。そのために、感情や感覚という見えない装置が、一人ひとりについているのだと思います。

役割とは仕事だけではありません。 ちょっとしたプレゼントや手助け、何気ないひと言、気遣い、目配り、自分が持つ空気感や雰囲気。自分が生きていることそのものが、誰かの安心や勇気になり、新しい扉を開けるきっかけになります。知らないうちに、誰かの絶望を救っていたかもしれないことに、気づいている人はあまりいません。

自分ができることをするだけで、誰かに喜んでもらえます。 直接目にすることはないかもしれないけれど、必ずどこかの誰かを救っています。自分の手から飛び立った花の種が、遠く離れた知らない誰かの笑顔につながったように。

自分が、自分のままで、誰かの役に立つ。これが最高の幸せなのではないでしょうか。**全部、「自分」でいい。** 不安になることはありません。

「自分はダメだ」と思いながら生まれてくる人はいません。みんな希望に溢れてお母さんのお腹の中から出てきます。自分にダメ出ししてしまうのは、脳の回路が長年かけてつくった、ただのクセです。

問題なんて、本当は何一つありません。何かが足りないと思っているのなら、
それは視点がほんのちょっとズレているだけなんです。
オールオッケー。何も問題はない。だったら、本当の本当は、どれがいい？

そこから選んでいきましょう。選択肢は、無限にあります。

等身大の自分を受け入れる勇気

私はずっと「幸せ」とは遠い未来にあるものだと思っていました。

- まだまだこんなんじゃ幸せになれない
- この程度で満足したら望みが叶わなくなってしまう
- こんなんで幸せなんて思ってやるもんか！

そうやって、必死にがんばっていました。

でも、苦しい思いをするなかで、それが勘違いだと気づきました。**未来とは現在の延長線上にあるもの**です。この先のどこかで、ある日突然何かが起きて、パッと幸せになるわけではありません。どこまでいってもいまはいま。であれば、**私は、いま、幸せでなければいけなかった**のです。

いま、幸せな時間を増やす。お財布の中に少ししかお金が入っていなくても、桜の樹の下で風に吹かれながら、心からの幸せを感じることはできます。仕事が辛くてクタクタになって帰っても、温かいお風呂で確かに幸せを感じることはできます。

「自分」は何も変えずに、ちょっとだけ工夫しながら望んでいる方向に進んでみる。それだけで毎日に豊かさがどんどん増えていきます。

「そんなんじゃ満足できない！」という人もいると思います。そうかもしれません。私もそう思っていました。そもそも私が感じている幸せは私の幸せであって、別の人には別の幸せがあります。

わかってほしいのは、**自分の幸せを決めるのは自分だけ**だということです。それは、いつでも決めることができます。お金がある。結婚している。子どもがいる。それらは自分が毎日幸せを感じて生きていくために、必ずしも必要な条件ではありません。結婚していなくても、子どもがいなくても、幸せに自分らしい日々を過ごしている人はたくさんいます。

「いま、このままで幸せ」

それは決してあきらめではありません。

等身大の自分を丸ごと受け入れたということなのです。

「感謝」が豊かな人生のバロメーター

最後に、「感謝」についてお話します。

私が自分らしく豊かに生きられるようになって変化したことの一つに、「感謝」が溢れてくるようになった、ということがあります。


現状に不満だらけだった頃は、周りにぜんぜん感謝できていませんでした。「感謝しなければいけない」と頭ではわかっていても、なかなかできない。そんな自分自身にダメ出ししてばかりでした。

でも、ときどき、心からの感謝が湧く瞬間がありました。

それは、本当にやりたいと思ったことをやれたとき。そんなときは決まって、協力してくれた人、きっかけをくれた人、やりたいことを可能にしてくれた乗り物や道具、場所、環境、すべてに対して自然に感謝が湧いてきました。

本当に自分の心が求めていることをやっていると、自然に感謝は湧いてくる。感謝は、自分が本来の自分らしく、豊かに生きていることの証なのかもしれません。

このままの自分を受け入れて、本来の自分に戻るほどに、周りに対して感謝が溢れ、豊かだな、幸せだな、と心から感じる時間が増えていきます。

それは自分に対しても同じ。**「ありがとう、私」**という、心からの感謝。

花は時期が来たら自然に咲きます。自分らしさという種は、必ず実るようになっています。「好き」という栄養を与えて、心を喜ばせ、心を満足させて、しっかりどっしりと育ててあげてください。

「好き」を好きになるほど自然に感謝が湧いてくる。それは豊かになる方向を見失わないように神様がつけてくれた、素敵な装置のような気がしています。

第4章

「私」のままで、「いま」豊かになる

自分と仲良くなるワーク❹

もし寿命があと1年だとしたら、
どんなことをやってみたいですか？
「これだけはやらないと死ねない」
ということはありますか？
どんな毎日を過ごせたら満足でしょうか。
思いつく限り、書き出してみてください。

私ってこんな人

「寿命があと1年だとわかっていてやりたいと思うことは、一生をかけてやっていくことだ」といわれます。

お稽古が必要なことや、建物を建てること、ある程度の時間が必要なことも、1年あれば大抵は可能です。
同時に、それほど大切ではないことをするには時間がもったいないということですね。

あと1年しか人生がないのなら、何をやり、何を手放して、生きていきたいですか？
そこに、本当に大切にしたいものが浮かび上がるかもしれません。

おわりに

私たちは、いつだって、ここから、より良い未来を選び進んでいくことができます。

いつだって方向転換してもいい。

それなのに、一度決めたことを変えてはいけないと、がんじがらめになりがちですよね。

毎日のルーティーン、仕事のノルマ、大切な家族や友人たちとのあれこれ、気が進まないけれど、やらなくてはならないこともたくさんあります。それらを完全に避けて通ることはできません。

そんな毎日のなかでも、自分の心と対話する時間を持てたなら、その都度、軌道修正できます。きっと日々はさらに充実し、満足するものになっていきます。

「魔法の夢ノート」作りに難しいことは何もありません。

ひとりで静かに向き合って、ワクワクを楽しむのもいい。

子どもやお友達、旦那さん、おじいちゃんおばあちゃん、クラスみんなで。そんな風に、一緒に楽しむのもいい。お互いを理解し、関係を深め合い、互いに応援することができます。

雑誌をめくりながら感覚のセンサーを研ぎ澄ませ、静かに心と向き合う時間。いつの間にか自分の世界に夢中になっているあの時間は、きっと、「自分だけがわかる幸せのヒント」をたくさんくれると思います。

本当に心が満たされる感覚は、自分にしかわかりません。

トイレに行きたいのを我慢し過ぎたら大変なことになるように、心が欲しがっているものに気づかないフリをし続ければ、心が壊れてしまいます。

湧いてきた望みに、自分だけは賛成してあげる。一生一緒に生きていく「自分」が味方になってくれたなら、こんなに心強いことはありません。

私は、人間は本来、特別なことをしなくても幸せになれるのだと思います。本文の最後にお話ししたように、そのために「好き」や「感謝」という装置を神様がつけてくれている。

「魔法の夢ノート」の中に表れた自分の世界を、少しずつ自分に許してあげると願いが叶いやすくなっていくのは、本来の自分とのズレがなくなるからです。いまの自分をそのまま受け止めたら、幸せを感じられるようになる。考えてみると、それは当たり前なことなのかもしれません。

この本を読んでくださったみなさんの人生が、より自分らしく、豊かな日々になりますように。心からの満足が溢れることを、願っています。

もしどこかでお会いできたら、ぜひあなたの「魔法の夢ノート」を見せてくださいね！　楽しみにしています。

この本を手に取ってくださり、本当にありがとうございました。

みなさんと、この本を一緒に生み出してくださったたくさんの方々に、心からの、ありったけの感謝を込めて。


そして最後に。

「ありがとう」をたくさん、自分に伝えてあげてください。毎日がんばっている自分の、ハートやお腹に手を当てながら。

温かさを感じませんか?

どうしたらいいかわからないときは、そんな風に、温かくなるほうへ進んでくださいね。

岡田みな子

子どもといっしょに「魔法の夢ノート」

「魔法の夢ノート」はお母さんに連れられたお子さんがやってくれたり、小学校で生徒さんがやってくれたりします。

本書を読んでいただいているみなさんの中には、お母さんも多いと思います。ぜひ、ご自身だけではなく、お子さんと一緒にノート作りを楽しんでみてください。意外な一面に出会えるかもしれません。

コーヒーの写真だらけのノート

あるとき、「魔法の夢ノート」の講座に、中学3年生の男の子がお母さんと来てくれました。彼の夢は英語を使って仕事をすること。高校も英語科のある学校に進みたいと話していました。

そんな彼の「魔法の夢ノート」は、なぜかコーヒーだらけ！　カップに入ったコーヒーだけではなく、コーヒーの樹や農園、豆など世界中のコーヒーの写真が貼られていました。

そのノートを見て、お母さんは驚いていました。なぜ彼はコーヒーを貼ったのでしょうか。英語を使って仕事をするのが夢なら、ほかの写真を貼りそうなものなのに……。

「なんでコーヒーなの？」と聞いてみると、本人も不思議そうでした。確かにコーヒーは好き。それと英語が何か関係があるのかな……。

そう考えて、彼は自分の本当の望みに気づきました。それは、世界中のコーヒーを見てみたい、飲んでみたいということ。世界中を飛び回り、現地の人と、現地のコーヒーを飲みながら交流をしたいという夢を自覚した瞬間でした。そのために、英語が必要だったんです。

彼のノートを見たお母さんは驚いていました。好きな英語を一生懸命習得しようとしていたことは知っていましたが、「世界に行ってみたい」という彼の夢の先に、こんなにも楽しそうな風景があるとは思ってもいなかったそうです。

その講座の帰り道、車の中で彼の夢について語り合いました。普段から柔らかな印象のお子さんでしたが、そのときは自分の夢について、力強く語ってくれたそうです。

無条件に子どもを肯定しよう

お子さんに、どんな大人に育ってほしいですか?

学校では成績優秀で、信用できる立派な会社に入って活躍してほしい。自分の得意なことを生かして、多くの人の役に立ってほしい。楽しく健康で過ごしてくれればいい。いろいろあると思います。

そのどれもが間違ってはいませんが、どの場合でも、学校の勉強だけでは不十分だと思います。自信を育ててあげることがいちばん大切。目には見えませんが、かけがえのない財産になります。

以前、イスラエルに住んでいる知人と、「自信」について話したことがあります。そこで驚いたのが、イスラエルの子育てでした。

イスラエルは、日本でいう「親バカ」が当たり前の世界だそうです。どんな親も、我が子がどれほどすばらしいかを、いつも自慢し合います。

そうした育てられ方をするから、みんな根拠のない自信を持っているのだそうです。自分にダメ出しするなんて、まったくありません。

子どもにとって、親は親自身のことを否定しないし、自分も否定されない。それならば、「自分はすばらしい存在だ」と自然に感じるだろうなあ、と思いました。


日本では謙遜《けんそん》して、つい「うちの子なんて不出来で」と言ってしまいますよね。少し怖い言い方をすると、それが子どもの自信を奪うことにもなりかねません。もちろん日本の子育てにも良さはありますが、ちょっと見習えるといいですよね。

子どもの夢に「いいね！」をあげよう

講座を受けてくれた、また別の男の子とお母さんのお話。

男の子はサッカーが大好き。高校3年生になってもサッカーの毎日で、お母さんは「サッカーしか頭にない。みんなが受験勉強しているのに、まだ部活ばかり。どうせノートもサッカーだらけでしょう」と嘆いていました。

ノートを見てみると、確かにサッカーだらけ。でもボールやシューズ、試合の写真などは少なく、ずらりと並んでいたのは有名選手たちの名言でした。

一流選手のそれは、人生哲学にも通じるものでした。それを見てお母さんは感心した様子。

「この子も自分の人生を自分なりに考えているんですね。見直しました。これからは勉強勉強と言わず、彼がサッカーをやりたいと言ううちは、応援しようと思います」

自分が描いている夢に、お母さんやお父さんが「いいね！」と言ってくれたら、どんなに心強いでしょう。どんな状況でも、自分らしい道を切り開いていくことができる大人になるはずです。

高給取りになって、世間的に地位の高いポジションに就いたとしても、自分を否定するような大人にはなってほしくない。親であれば、みんな同じ思いかと思います。子どもが自分のことを大好きで、周りの人たちと笑い合って生きてくれたら嬉しいですよね。子どもの中にある「好き」や「夢」を応援できる親でありたいと思います。

若い人が「夢もやりたいこともない」と聞くと、残念な気持ちになります。自分が何をしたいのかがわからないということは、自分に興味を持つことや、自分を肯定できる機会が少なかった結果のような気がするからです。

ずっとやりたいことを探す人生もつまらない。何を大切にして、どんな日々を生きたら満足なのか、明確にしてあげたいですよね。

日本の教育に足りないものをフォローする

本文でもお話ししましたが、いまの学校教育では個人の「好き」にフォーカスすることがあまりありません。同じことを同じように教えることに重きが置かれていて、個性を伸ばすということを考えると、ちょっと残念な環境です。

でも、「だからダメなんだ」ということではなく、身近な大人が言葉や態度で伝えていく必要があると思っています。おこがましいですが、「魔法の夢ノート」は日本の教育に足りないものをフォローできると考えています。

お母さんと講座に来てくれる子どもたちは、最初はあまり乗り気ではありません。でもワークを進めると、ノートの切り貼りにみんな夢中になります。気づけば身を乗り出して、好きなことや夢中になっていること、やりたいこと、叶えたいことをたくさん話してくれます。

学校で開催すると、先生方も夢中になって、生徒さんと自分の「好き」について フラットにお話しします。そのときだけは先生と生徒という枠を超えて、お互いに応援し合っている同志のようです。ひとりの人間同士として心が通じ合っているその姿に、とても嬉しい気持ちになります。

口出ししたくなる気持ちを我慢して

子どもが「魔法の夢ノート」をする場合でも、作り方自体は、大人と同じです。注意点は一つだけ。お子さんがノートを作っている間、大人はなるべく口出ししないで見守ってあげてください。

「これ好きでしょ?」「これも貼ったら叶うかもよ?」と言いたくなりますよ

ね。そこはグッと我慢。横から口を挟むのは、余計なお世話なんです。
血のつながった親子であっても、別の価値観を持った人間。子どもたちは大人には想像もできないような、自由な発想を持っています。自分の中にある無限の世界への旅を楽しませてあげてください。

私は普段から子どもたちと話をするほうだと思いますが、一緒に「魔法の夢ノート」をしてみると、子どもたちが普段言葉にしないことを発見できて、とても楽しい時間になります。

普段は「忙しいから」と、子どもたちとの時間をあきらめてしまうことも多いと思います。それは仕方のないことですよね。「魔法の夢ノート」に限らず、何かきっかけをつくって、短い時間でもいいから、楽しさや喜びを分かち合ってみてください。きっと、いまよりさらに充実した生活になるはずです。

岡田みな子（おかだ・みなこ）

株式会社CUORE BLANC代表取締役、「魔法の夢ノート」創始者、メンタルコーチ、「SOURCE」公認トレーナー。

結婚10年目に夫が脱サラ、長野へ移住。それまでの順風満帆、安定した暮らしから一転。慣れない農業を手伝いながらの仕事、子育ての日々に無理を重ねて心も身体もボロボロになる。その頃出会ったワークショップ「SOURCE」の「あなたの人生の源はワクワクすることにある」という教えに感銘を受け、自分の中にあるワクワクの種を探し始める。自分が直感で「いいな!」と思う写真を切り抜いてノートに貼っていくことで人生が激変。その経験をもとに、女性が女性らしい才能を生かし、豊かに生きるためのワークショップ「魔法の夢ノート」を考案。

3人からスタートした同ワークショップが人気を呼び、あっという間に各所で開催されるようになる。全国各地に80人以上の認定講師を輩出。魔法の夢ノートを中心としたカウンセリングや起業支援を通して、これまでに述べ3000人以上の女性をサポートしている。受講生は、会社員、主婦、個人事業主、医師、公務員、士業、経営者など多岐にわたり、企業や病院での研修も行っている。

また、全国の小中学校で魔法の夢ノートを使って「自己価値を育み、仲間と応援し合いながら夢を叶える」ことを伝える授業を展開。教師や保護者に「これからの時代に必要な内容」と高評価を受けている。

CUORE BLANCホームページ　https://cuoreblanc.net/

私《わたし》が私《わたし》らしくいられる
魔法《まほう》の夢《ゆめ》ノート

2021年7月21日　第1刷発行

著者　岡田《おかだ》みな子《こ》

企画協力　ブックオリティ
装丁・装丁イラスト　和全（Studio Wazen）
本文デザイン・本文内イラスト　藤塚尚子（e to kumi）
校正　菅波さえ子
本文DTP　小林寛子
編集　久保木勇耶
発行人　北畠夏影
発行所　株式会社イースト・プレス
〒101-0051東京都千代田区神田神保町2-4-7久月神田ビル
Tel.03-5213-4700 Fax.03-5213-4701
https://www.eastpress.co.jp
印刷所　中央精版印刷株式会社

ISBN 978-4-7816-2000-8